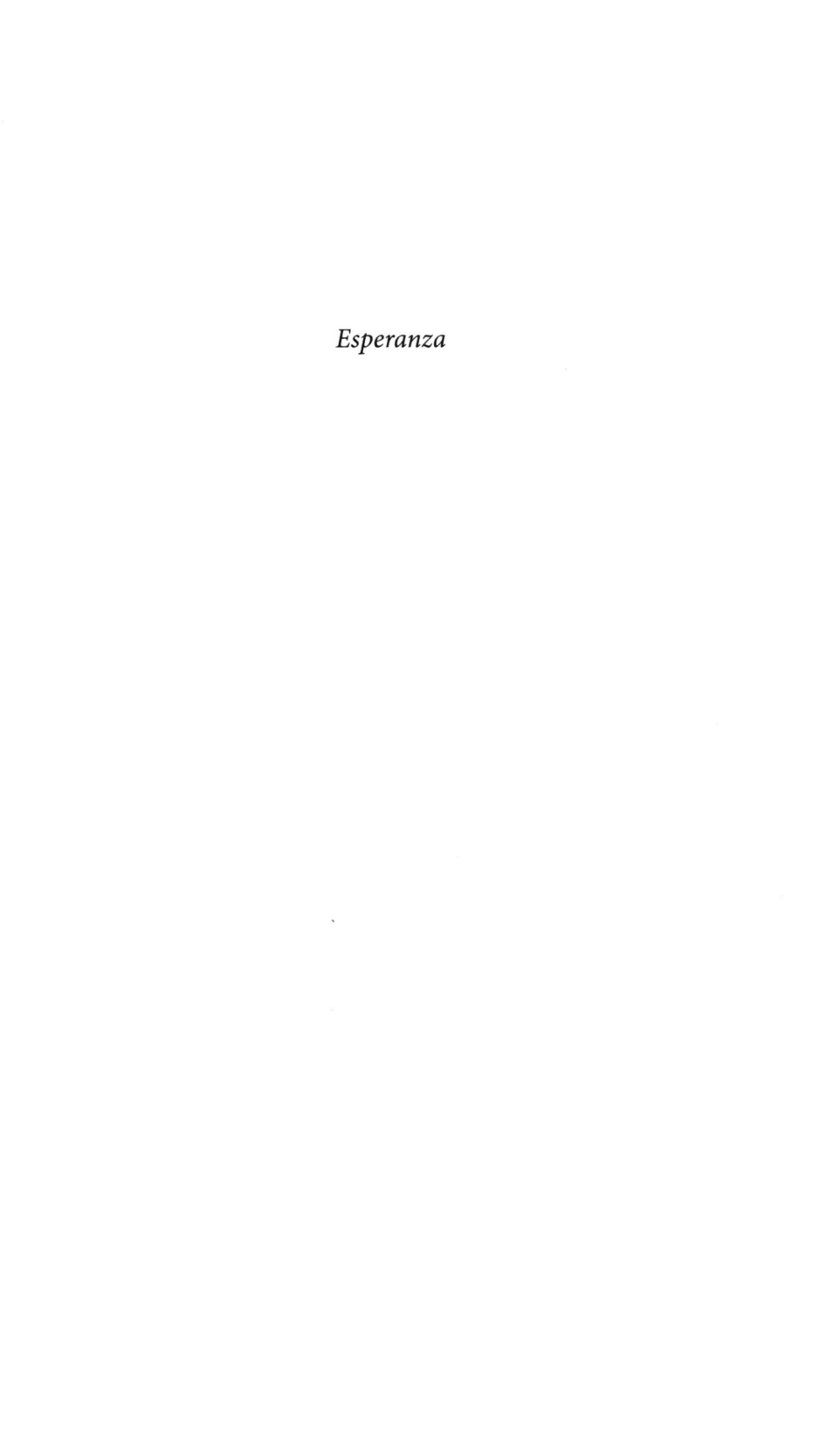

Esperanza

FERNANDO DE HARO

Esperanza

Razones que vencen el miedo

SEKOTIA

SEKOTIA
www.sekotia.com
@sekotia

Primera edición: mayo de 2025

Sekotia • Colección Reflejos de Actualidad
Editor: Humberto Pérez Tomé Román

info@almuzaralibros.com
Parque Logístico de Córdoba. Ctra. Palma del Río, km 4
C/8, Nave L2, nº 3. 14005 - Córdoba

Imprime: Gráficas La Paz
ISBN: 978-84-19979-96-4
Depósito legal: CO-707-2025
Hecho e impreso en España - *Made and printed in Spain*

A mis padres

ÍNDICE

A los lectores:

Este libro es un diálogo, un género de ficción que se usó mucho en otra época, para buscar, como decía un clásico, "un saber nacido de preguntas y contradicciones, de la polémica y del concierto de la conversación". En los antiguos diálogos, también llamados coloquios, los personajes deambulaban por las calles mientras hablaban entre ellos, se hacían reverencias o comentaban algún sucedido. Eran las llamadas acotaciones. En estas páginas sucede lo mismo. El lector no tiene entre sus manos un ensayo en el sentido estricto, sino algo más libre y accesible: un artefacto literario concebido para defender y transmitir las experiencias que hacen posible la esperanza.

Prólogo

Todas las novelas oscilan entre lo que nunca ha pasado y lo que siempre sucede. Tal es la condición de la ficción y, si se quiere, del arte. Las historias que merecen la pena ser contadas nos interpelan porque, a través de una sucesión de anécdotas, son capaces de comunicarnos aquello que nos conmueve o que, al menos, nos interpela de manera íntima. Por eso, en la literatura, al igual que en la filosofía, hay temas que están permanentemente presentes y que, de algún modo, nutren el caudal de la gran tradición. El amor, la muerte, la ausencia o la esperanza son tópicos que vinculan todos los relatos, desde Homero hasta la más contemporánea de las buenas historias.

Juana, la protagonista de este libro, desvela su condición desde el principio. Está, como tantos en nuestros días, enferma de nostalgia. Pero esa enfermedad tiene algo de lucidez, pues tal vez no haya manera de ejercer la humanidad si no es echando en falta un mundo distinto. La literatura comenzó precisamente así, con Hesíodo añorando la existencia de una raza de hombres de oro que se perdió en el tiempo. Y así también avanza la vida de casi todas las personas que tuvimos, por fortuna, una infancia feliz de la que el tiempo nos aleja.

Las emociones no son solo experiencias privadas. Hay pasiones de época que describen un momento o un instante exacto de una cultura. Bauman alcanzó a diagnosticar que nuestra época, como Juana, está enferma de nostalgia. Miremos donde miremos, da la sensación de que ya nada es lo que era y de que en el mundo —pero, desde luego, en España— se extiende una suerte de conciencia terminal, como un 98 eterno. No todo, pero mucho de lo que nos distinguió como civilización se encuentra ahora en riesgo, sin que queramos asumir que todo lo que ocurra dependerá de nosotros. O tal vez sea precisamente eso lo que nos aterra.

Las nuevas generaciones, así lo advierte un personaje de esta historia, parecen sentir culpa por haber venido al mundo. Una culpa injustificada, pero no por ello menos real ni menos vigente. El viejo orden de valores nos abandonó por nuestro propio esfuerzo, y muchos de los dioses en los que creímos marcharon para dejar paso a otros ídolos menos buenos y, sobre todo, nada compasivos. En el fondo, es absurdo preguntarnos si hoy vivimos mejor o peor que nuestros padres, porque todas las circunstancias, al igual que todas las vidas, son incomparables por ser, precisamente, irrepetibles.

Lo que sí sabemos es que hubo otro tiempo —acaso materialmente más duro y políticamente menos próspero— en el que los hombres y las mujeres miraban al futuro de otro modo. Por más que su circunstancia fuera precaria, y a pesar de lo mucho sufrido, aquella gente sabía confiar en el tiempo que vendría. Esa es otra de las claves que orientan la condición humana y que nuestra tradición desveló ya en el Antiguo Testamento. La espera con la que se aguarda el tiempo nuevo ni puede ni debe estar atravesada por amenazas ni por miedos.

Pedro Laín Entralgo nos legó una bella y reveladora anécdota de André Gide. El escritor francés viajaba por el Marruecos español cuando reparó en una sala de espera, en una estación de tren. Con esa lucidez que procuran los errores involuntarios, el Nobel de Literatura se dio cuenta de que los españoles confundimos la espera con la esperanza. Los dos vocablos, ciertamente, están diferenciados, pero su proximidad material nos recuerda que, en efecto, no hay esperanza sin espera y que, de hecho, la esperanza es algo que solo puede ejercerse sublimando la paciencia. Otra vez el tiempo por venir.

En la historia de este libro, el testimonio de cada uno de los personajes encarna una posible actitud frente a ese tiempo que se fue y aquel otro que todavía no ha llegado. O casi deberíamos decir «contra» ese tiempo, pues es así —contra el tiempo y afanándonos en engañar al viejo Cronos— como vivimos las personas. Que la nostalgia tiene algo de enfermizo es algo que sabemos desde su origen, pero lo peor de la nostalgia no es su añoranza por lo perdido, sino, sobre todo, su condición de amenaza. Si de verdad el pasado pudo ser mejor que el presente, todas las razones apuntan a que el futuro será temible. Y ese temor es una de las peores condenas que orbitan sobre nuestras cabezas.

Existen, por supuesto, indicios fundados para mostrarse prudentes de cara al tiempo que viene. Pero esa esperanza en la espera nos recuerda que, en ocasiones, hay cosas mucho más importantes que las evidencias o los indicadores futuros. A diferencia de la expectativa, que es una prognosis futura basada en razones, la esperanza opera como una verdadera gracia o como un recurso de urgencia. El mundo emite señales inquietantes a las que solo cabe responder con una actitud que quizá no sea enteramente de este mundo. Chesterton propuso que había que odiar y amar al mundo: teníamos que odiarlo para querer cambiarlo, pero debíamos amarlo al mismo tiempo para tener buenos motivos para emprender esa transformación. Se trata, sospecho, de odiar el mundo presente por amor a un mundo futuro. Nada más contrario a la nostalgia.

Con la esperanza y el miedo ocurre algo parecido. Las amenazas de la realidad cotidiana nos aterran, pero al mismo tiempo nos conminan y nos exigen ponernos a la obra para transformar la circunstancia en la que vivimos. Y ese afán solo podrá alcanzarse declarándole la guerra no al mundo, sino al miedo. En las páginas que siguen, se explican algunos de esos miedos a través de personajes que nos recordarán a nosotros. Viajarán a un balneario, escucharán a algún ser humano arrepentido y, como en tantos buenos libros, hasta aparecerán los lobos.

Un último aviso antes de empezar: honestamente, creo que la esperanza no es una forma de optimismo. La esperanza es una encomienda casi imperativa que recuerda incluso a aquella singularísima exhortación que escuchamos los cristianos. No temer, no tener miedo, confiar en una palabra incluso por encima de nuestros propios sentidos es una tarea tan seductora como compleja. Cuanto más grite el dolor del mundo, más necesaria será.

Diego S. Garrocho

Capítulo uno
Si sueñas con otro mundo
es que te has rendido

A Juana la conocí por casualidad. Visito casi a diario a una tía mía cuando pasa temporadas en la ciudad en la que vivo y se aloja en el viejo balneario que hay a las afueras. Fue allí donde nos encontramos. Subo al balneario en autobús. Los de aquí, los de toda la vida, decimos «subir» porque la casa de aguas se construyó en la falda de nuestra pequeña sierra tras descubrirse las propiedades termales de un arroyo que se asoma en su ladera sur. Eso fue a principios del siglo pasado. Se levantó entonces un hotel de dos pisos con una decoración que quería ser modernista. La carretera se estrecha a dos kilómetros del centro termal y serpentea pronto entre palmeras, naranjos y cipreses. El edificio ha envejecido bien gracias a algunas reformas. Desde la recepción, se baja por una escalera hasta dos piscinas cubiertas con una bóveda de ladrillo. Los dueños se lo iban a traspasar a una cadena multinacional que tenía proyectado construir un *spa* con servicios de lujo, pero algunos imprevistos de última hora impidieron culminar la venta.

El balneario continúa fuera de los circuitos turísticos y aloja, sobre todo, a gente de la provincia. Las termas no constituyen la principal atracción. Los precios son razonables y hay ofertas de todo tipo: para los que repiten, para los que reservan más de una semana, más de un mes o más de doce. Hay huéspedes que viven allí casi todo el año. Otros pasan largas temporadas. Las habitaciones, espaciosas y cómodas, permiten no hacer uso de los salones. Es un buen refugio para solteros —para *singles*, como se dice ahora—, o para matrimonios con una pensión generosa que retrasan el ingreso en un asilo. Hace tiempo, un opositor de buena familia, cuando venía de su pueblo para cantarle los temas a su preparador, se albergaba en una habitación de la primera planta. Suspendió varios años, lo dejó y ahora ha abierto varias tiendas de carcasas para móviles. Le va bien.

Es fácil «subir y bajar», lo que supone un atractivo añadido. La línea de autobús tiene parada a pocos metros de las puertas del balneario. También se puede llegar a las calles más comerciales dando un paseo. La cocinera es considerada por los clientes una artista y las dos fisioterapeutas que dan masajes por turnos también han estudiado enfermería. Acuden en socorro de los muchos hipocondriacos que creen empeorar con los baños. Los recepcionistas, especialmente el de la mañana, auxilia a los huéspedes en todo aquello que se les ofrece.

Para entrar en el recinto hay que llamar a un timbre que suena sin estrépito. No hay que esperar apenas, la cancela que da a la calle se abre con diligencia gracias a un dispositivo que se activa desde el interior. Un camino de albero cruza un jardín con la grama bien cortada, algunos rosales y dos sauces llorones que dejan caer, lánguidos de nostalgia, sus ramas hasta el suelo. La nostalgia fue precisamente lo que llevó a Juana a solicitar una habitación en aquel singular hotel.

Ya digo que la conocí de un modo fortuito. Desde nuestra primera conversación intuí que, aun siendo joven, vivía en el pasado. Mi tía se quedó viuda hace tiempo y sufre de artritis.

Todos los años suele —como digo— instalarse varias semanas en el balneario. Las aguas no le hacen sentir mejoría alguna, pero utiliza sus dolores como pretexto para salir del pueblo. Siempre me pide que esos días desayune o cena con ella. Me pone entonces al día de las novedades de nuestros parientes. Está convencida de que, sin su ayuda, habría perdido toda relación con mi familia. Mi trabajo en el ayuntamiento me permite ciertas licencias y disfruto dándole gusto.

Mi tía es capaz de pegar la hebra con cualquier desconocido. Una noche, en la cena, se sentó en la mesa de Juana. La que luego fue mi amiga respondió a las primeras preguntas con monosílabos. Pero mi tía, a pesar de todo, consiguió mantener una larga conversación. Ella hablaba y Juana escuchaba. Y a pesar de su mutismo, mi tía consiguió enterarse de que sus padres eran de nuestro pueblo y de que, probablemente, en tiempos remotos las dos familias habían estado relacionadas. Juana, amante de las raíces profundas, había estado trabajando en una genealogía. Mi tía decretó que en dos o tres cenas, con un poco de esfuerzo, acabaríamos encontrando ese remoto vínculo que nos unía. Pero el día antes de que se volviese al pueblo no teníamos nada aún. Ella insistió, estaba convencida de que el asunto era urgente. A Juana le arrancó el compromiso de atenderme y a mí el encargo de visitarla para plantearle las cuestiones que se le fueran ocurriendo. Los martes y los jueves recibía una llamada puntual de mi tía, que me dictaba una docena de preguntas. Las apuntaba y, cuaderno en mano, me dirigía al balneario para trasladárselas a Juana.

Junto a la puerta casi siempre había una señora de edad difícil de precisar, con los labios pintados de rojo, que sonreía al verme. Fumaba sin parar. Tras subir tres escalones y entrar en el recibidor, el ruido y las preocupaciones de la ciudad se alejaban de la mente del visitante. Los reflejos rojizos de los muebles, las lámparas pasadas de moda, el sonido de las horas, las medias y los cuartos marcados por un esforzado reloj y los visillos delicados que cubrían las ventanas creaban un ambiente de casino de provincias. Todo era viejo pero el personal se esmeraba en mantenerlo cuidado y limpio. La cera con la que se pulía la madera todas las semanas dejaba en el aire un olor noble, el de la lucha por evitar que la tradición se reseque, se acartone y acabe abandonada en el trastero de la historia.

Juana misma, ávida lectora y muy curiosa con todo lo que tenía que ver con las enfermedades del alma, me contó que había decidido alojarse en el hotel porque la añoranza del pasado la había dejado sin energía. No era capaz de ocuparse de las cuestiones domésticas. Las preguntas de mi tía sobre un parentesco que no aparecía la animaban. Para explicarse movía sus manos pequeñas, en las que parecía concentrarse toda su inteligencia. Poco a poco empezó a hablar, con timidez, de sí misma. En los momentos de mayor lucidez se daba cuenta de que había idealizado los tiempos pasados. Las imágenes de edades más o menos remotas se solidificaban en su ánimo hasta dar forma a unos barrotes que la tenían presa. No es que hubiese atado su vida a la evocación de recuerdos lejanos. No, no era una cuestión de recuerdos. Era otra cosa, porque en realidad no había tenido experiencias del pasado al que se refería. No habría podido guardarlas en su memoria de ningún modo, ese pasado nunca había existido. No se engañaba, sabía que todas aquellas representaciones nacían de su inseguridad, de su incapacidad para afrontar la vida tal y como se le presentaba. No veía en ella nada luminoso, por pequeño que fuera.

No logramos encontrar un ancestro común, pero Juana me pidió que siguiera visitándola. Por primera vez en mucho tiempo tenía a alguien con quien hablar. Me confesó que vivía bajo el sol negro de la nostalgia porque le dolía, como duele un ataque de gota, la percepción de que el tiempo se marcha sin apelación posible. Me reconocía —nunca le faltaba lucidez— que la nostalgia la paralizaba. También tenía sus ventajas: le permitía construirse un pasado sin culpa. Era un eximente casi perfecto para cualquier tipo de responsabilidad. En cierto modo se sentía cómoda bajo los rayos del sol oscuro y opaco que dominaba sus días. Su rendición le consentía abandonar esa batalla que la razón y el sentimiento emprenden cuando se adentran en lo desconocido, cuando se lucha por entender qué ocurre y se quiere descubrir en cada cosa que sucede cuál es su conveniencia.

Sin las explicaciones de Juana no habría sabido que la palabra «nostalgia» es relativamente nueva, aunque deriva de dos términos griegos: *nostos* («vuelta a casa») y *algos* («sufrimiento»). La utilizó por primera vez Johannes Hofer, un médico alsaciano que presentó su tesis en 1688 en la Universidad de Basilea. Hofer estaba preocupado por el gran número de casos de añoranza que descubría entre los mercenarios suizos que querían volver a su hogar.

Mientras escuchaba a Juana, pensaba que la nostalgia no es simplemente el deseo de regresar a la cabaña de un valle alpino que un día se abandonó. Si solo fuera eso, a ella no le habría indispuesto ni habría quebrado su salud. Al oírla me acordaba de una de las historias que me contaba mi abuelo, que fue maestro. Una y otra vez refería las venturas y desventuras de Ulises. El padre de mi padre me había explicado que el protagonista del relato era un personaje que vagó durante mucho tiempo por el Mediterráneo. Después de pasar por innumerables trabajos, retornó a la isla de donde había salido. Allí le esperaban su perro y su mujer, que trabajaba en un telar mientras intentaba espantar a unos pretendientes que se comían su hacienda. Cuando Ulises consiguió poner de nuevo el pie en su hogar, su casa ya no era su casa. Si uno vuelve donde vivió y entra en el patio que un día fue una fuente con agua y la fuente ya no canta, el agua solo suena en su alma. En cualquier caso —pensé al poco de conocerla—, si Juana sufría no era porque se pareciera a Ulises. Su problema no era que el regreso fuese imposible o que, al llegar, su casa hubiese cambiado. Juana estaba enferma de nostalgia porque soñaba —insisto— con el retorno a una habitación en la que nadie había vivido.

Carmen, una de las fisioterapeutas, que había hecho el bachillerato de Humanidades, me explicó que la afección de Juana no era muy original. Ya la habían padecido muchos europeos después de la Revolución francesa, muchos artesanos cuando estalló la Revolución industrial, muchos jinetes cuando el automóvil se generalizó.

—Es un mal que afecta a progresistas y conservadores —añadió la enfermera—. Karl Marx, el inspirador del comunismo, era un nostálgico cuando añoraba un mundo anterior al capitalismo, menos corrupto y represivo.

Al acabar una de nuestras conversaciones, Juana me entregó un billetito. Había copiado para mí un párrafo de Jean Le Bel, un cronista belga del siglo XIV. Sus letras se asemejaban a un ejército de insectos negros saltando en un pañuelo. El texto decía: «Me parece que en mi época las cosas han cambiado mucho: han desaparecido los espléndidos caballos enjaezados y los yelmos con cresta de antaño, también las brillantes placas y los escudos heráldicos... Hoy en día un humilde paje está tan bien y tan finamente armado como un noble caballero». Me lo entregó sin hacer comentario alguno. Me marché abrumado, en silencio. Juana se quedó en el hotel añadiendo recuerdos a su recuerdo, dolores a su dolor. Pensé: «Juana es un "fue" y un "es" cansado. Hay poco "seré" en ella». Releí varias veces el texto en el que Jean Le Bel se delataba como un nostálgico. Algo de lo que decía me sonaba. Así que cogí la versión abreviada y traducida del *Quijote* que tengo en casa, que es la única de la que había conseguido leer algunos fragmentos.

El Caballero de la Triste Figura, como Jean Le Bel, arrebatado por un ataque de nostalgia, exclamaba en un pasaje: «Dichosa edad y siglos dichosos aquellos a quien los antiguos pusieron nombre de dorados, y no porque en ellos el oro [...] se alcanzase en aquella venturosa sin fatiga alguna, sino porque entonces los que en ella vivían ignoraban estas dos palabras de tuyo y mío. Eran en aquella santa edad todas las cosas comunes». Me sorprendí al constatar que a don Quijote no le gustaba que las mozas se taparan mucho: «Entonces sí que andaban las simples y hermosas zagalejas de valle en valle y de otero en otero, en trenza y en cabello, sin más vestidos de aquellos que eran menester para cubrir honestamente lo que la honestidad quiere y ha querido siempre que se cubra, y no eran sus adornos de los que ahora se usan». En una nota de la versión abreviada se explicaba que en muchas lenguas existen expresiones para desahogos como el que había tenido el Caballero de la Triste Figura: «*the good old days*», «*the good times have all gone away*», «*il buon tempo antico*», «*le bon vieux temps*», «*the former age*»...

Juana, más que hablar de su vida, hablaba de las heridas que le había causado la vida, sin concretar cuál era su origen. Hablaba de ellas de un modo abstracto, sin relatar suceso alguno. Se limitaba a señalar que era muy desgraciada. Su ánimo se parecía a un cuerpo con los tejidos destruidos. Todos los miembros seguían en su sitio, sin embargo sus fibras estaban atravesadas por un desagarro que les quitaba fuerza. Juana se arrastraba y reptaba con dificultad entre pensamientos que no levantaban el vuelo. Eran ideas espesas como el lodo de un pantano. Muy a menudo nacían de pequeñas minucias: una mancha en el cristal de una ventana, un gesto ambiguo de una de las personas que la atendían... Cualquier cosa podía provocar que su mente se enfangara durante muchas horas, e incluso días, con ideas y sentimientos alimentados por un agravio ficticio. Juana, enredada en reflexiones que se asemejaban a cepos para cazar lobos, nunca expresaba una mínima estima por el presente. Me imaginaba a veces que estaba prisionera entre los mil tentáculos de un monstruo marino. No me atrevía a preguntarle qué causaba todo aquello. De vez en cuando soltaba pequeñas migajas referidas a su infancia y su juventud, pero eran cosas de poca sustancia: recuerdos sueltos de los olores de una cocina, de los colores de algunos amaneceres, de ciertos gestos de un maestro. Menudencias insuficientes para que pudiera reconstruir la historia de sus orígenes, de las personas a las que había amado y que le habían querido, de su familia, de los lugares que había visitado. Era sin duda una mujer que había viajado, que había leído. Aunque a veces sorprendía con una laguna de ignorancia inesperada.

Cuando comentábamos algún suceso de actualidad, Juana evocaba un acontecimiento histórico para reafirmar su idea de que vivíamos en una tierra baldía, en los años de la devastación. Pero la comparación nunca era con una vivencia, con una experiencia. Por eso permanecía muchas veces lejana, enigmática. Otras, sin embargo, quería darme a entender que éramos cómplices, que compartíamos un secreto que el mundo no conocía. En esos momentos se mostraba eufórica, pensaba que yo era uno de los suyos, un agraviado.

Lo de Juana no era melancolía. Lo suyo era un reino en el que solo amanecía un sol de betún. La melancolía es otra cosa; tiene dentro, como toda tristeza, un muelle que empuja hacia arriba. La melancolía nace de una desilusión: de pronto quedamos desencantados por una gloria alcanzada, una belleza, un amor en el que habíamos puesto todo nuestro afán y que, por fin, es conquistado. Y caemos desde lo alto. Y cuando quedamos hechos jirones, defraudados, es cuando nos sentimos libres. «Una y no más», nos decimos. «Una y no más». No estamos dispuestos a contentarnos ya nunca con un amante como el que nos ha engañado y nos ha dejado abandonados en el cubo del material orgánico. Desencantados, nos ponemos otra vez en movimiento porque no hay monstruo marino, aunque tenga un millón de extremidades, que pueda detenernos en nuestra carrera por encontrar otro amante que, este sí, nos dé una satisfacción duradera.

Juana no recibía muchas visitas. Solo de vez en cuando aparecían conocidos y familiares lejanos que a menudo no volvían.

En una ocasión me encontré, por ejemplo, con una señora que regentaba una mercería. A Juana, antes de instalarse en el balneario, le gustaba entrar en las tiendas de su barrio y hacer algún gasto en ellas. Hubiera podido abastecerse en un centro comercial, pero alardeaba de apoyar el comercio local. La tarde de la mercera se fue en una especie de combate entre las dos mujeres por demostrar quién sabía más de sábanas de Holanda, bieses, botones, pasamanerías y puntillas.

Un día, al entrar en la sala, la encontré rodeada de tres jóvenes: dos chicas, una rubia y una morena, y un chico. Aquella Juana era otra que no sabía que existiese hasta ese momento. Diría que casi estaba alegre, si no temiera exagerar. Los tres jóvenes eran hijos de amigos de Juana, compañeros de un colegio internacional. Aquella tarde, no sé muy bien por qué, la sacaron de su pasado remoto. No hablaron de sus padres. Discutieron de lo que les interesaba. Juana veía en ellos a los tres niños que había conocido de pequeños. Y los niños siempre son lo que comienza, una promesa. Todo a su lado es vejez y decrepitud. La rubia, Sofie, no era guapa ni fea. Graciosa, echada para adelante, vivía en Bélgica. Trabajaba en una empresa farmacéutica y chapurreaba nuestra lengua. María, la morena, española, con una cara preciosa, movía unas manos pequeñas como las de Juana para hacerse entender. Se dedicaba a la filosofía. El chico, Ben, rubio casi albino, decía ser alemán pero descendía de una familia que había vivido durante mucho tiempo en el este de Ucrania. Era físico. Mantenían una conversación en francés —ignoraba que mi amiga conociera el idioma— que seguí con dificultad. Saludé y me mantuve en silencio, amedrentado por la complejidad de lo que escuchaba. En ocasiones me sucede que entiendo poco de lo que se habla pero esa pequeña porción me parece emocionante. Y aquella fue una de esas veces. Juana también mantenía la boca cerrada, pero ella sí captaba los términos de la discusión. Aquella conversación me hizo penetrar mejor en los secretos de la nostalgia. Reconozco que me costó esfuerzo. Los jóvenes hablaban del tiempo; no del tiempo atmosférico, sino de la duración de las cosas. María, la española, parecía enfadada con Ben, el físico. Sofie, la belga, de vez en cuando metía cizaña pero sin entrar en el debate. Se limitaba a tomarle el pelo al joven científico, un alma buena y algo cándida que no se molestaba. La filósofa le reñía porque lo consideraba responsable, como todos los físicos, de haber desarrollado una imagen del tiempo que, si no entendí mal, era muy peligrosa.

—Vosotros los científicos tenéis la culpa de que la gente piense que el tiempo es como el espacio —le decía.

No sé si comprendí bien. La española explicaba que el espacio es todo igual: un kilómetro es lo mismo que otro kilómetro, 15.000 kilómetros son lo mismo que otros 15.000 kilómetros. Se pueden cortar, pegar, partir, dividir. Pero el tiempo no se puede dividir en fragmentos similares. Todos los fragmentos del tiempo son diferentes y todos están unidos por una secuencia que no se puede separar. Un kilómetro de selva amazónica y un kilómetro de dehesa gaditana están separados, alejados. Pero no se puede separar el momento en el que nos acostábamos del momento en el que nos levantábamos. Al escuchar estos razonamientos me empezó a dar vueltas la cabeza. Pero no me marché. La española seguía moviendo las manos.

—El tiempo es como una melodía, como una película hecha de un millón de fotogramas enlazados —señalaba María—. Imaginemos a un peregrino que hace el Camino de Santiago desde Roncesvalles. Ha recorrido ya siete etapas. Pensamos que el tiempo que ha vivido es similar al espacio que ha caminado. Ha dejado atrás 210 kilómetros. Ese espacio que ha dejado a sus espaldas ya no está donde está el peregrino. Pero en el tiempo nada se queda atrás. El pasado no son etapas que se han superado. En la etapa número ocho del peregrino está el tiempo de las siete etapas anteriores. El tiempo siempre es presente. Si el pasado no está en el presente es como si, en cierto modo, no existiera.

La historia del peregrino la había entendido y por eso dejé de prestar toda la atención que requería la complejidad de la conversación. Ya tenía algo claro. Ben escuchó con mucha educación a María. Y cuando tomó la palabra, empezó a hablar de la teoría de la relatividad y de Einstein. Entonces tuve la certeza de que el debate se había acabado para mí. La española, a diferencia de lo que había hecho el alemán, le interrumpía continuamente con afirmaciones exaltadas. Sofie lanzaba comentarios irónicos sobre su pelo, sobre las arrugas de su camisa y sobre su costumbre de no hacer nunca la cama ni ordenar su cuarto. Me dio la sensación de que durante algún tiempo su convivencia había sido estrecha. No vi entre ellos el resquemor de las parejas que, después de separarse, siguen unidas por viejos resentimientos. Seguramente habían sido compañeros de piso y la puerta abierta del cuarto del alemán habría delatado sus costumbres. Aquel tiempo pasado de convivencia seguía estando muy presente.

Me pareció que a Juana se le insinuaba el comienzo de una sonrisa al escuchar a los hijos de sus amigos. Pero quizás fuera un espejismo. Nos despedimos sin muchas efusiones. La idea de que es un error pensar en el tiempo como algo que se queda atrás no se me iba de la cabeza. Y algunas semanas después comprendí que el sol negro de la nostalgia bajo el que había vivido Juana era un pasado sin presente. Mi amiga estaba encerrada en un pretérito lejano sin hoy, paralizada porque tenía el convencimiento de que la historia era parecida a una *road movie*. Para ella, los días, los años, los siglos, los milenios habían sido como ciudades con jardines, pueblos de piedra y humo, paisajes con campos rubios, pasos de nivel, cafeterías en las que te hablan desconocidos fascinantes... que un día estuvieron delante y ahora se habían hecho muy pequeños, convirtiéndose para ella en un reflejo lejano que aparecía en el espejo retrovisor, un reflejo del tamaño de un nanómetro, de la milmillonésima parte de un metro. Juana había vivido en ese pequeñísimo espacio irreal, creado con una memoria manipulada.

Me acordé de una de mis películas favoritas: *Thelma y Louise*. En especial de la escena final, en la que las dos protagonistas se lanzan al vacío con el coche en el que han estado huyendo, se lanzan a una existencia sin presente, aplastadas por un ayer que les ha dejado sin vida. El problema de los enfermos de nostalgia como Juana no es solo que se queden atrapados en el pasado. El problema es que ese pasado es algo tan lejano como un kilómetro de selva amazónica. Siempre van rezagados porque hacen de la vida y de la historia capítulos de una serie que ya han visto. Piensan, además, que el descapotable que conducen los hombres por la autopista del tiempo tomó una y otra vez la desviación equivocada. Estiman que no hay solución o que la única solución sería volver a un tiempo (otra vez lo del tiempo como si fuera espacio) que ya no existe porque lo han deformado con su imaginación herida. No se puede viajar al Imperio romano como se desplaza uno a la selva amazónica. Las personas sanas, las que no están enfermas de nostalgia, en cierto modo también viven en el pasado, pero ese pasado no se ha quedado atrás. Es un pretérito que se ha hecho presente. Quizás algo había empezado a cambiar esa tarde. Tuve la intuición de que aquella conversación comenzaba a sacarla de su mundo.

Ya he dicho —en realidad no sé si lo he dicho— que soy una persona que lee despacio. A veces, si un libro me gusta, puede que me dure seis meses. Antes de conocer a Juana había dedicado un otoño y un invierno precisamente a una historia en la que dos personajes, un padre y un hijo, recorren un camino muy difícil. Primero vi la película y luego me hice con el libro. Se llama —mira qué casualidad— *La carretera*. El padre y el hijo viven en un mundo devastado, las guerras lo han destruido casi todo, el cielo es gris, nunca amanece por completo, los pocos supervivientes de una gran catástrofe se comen entre ellos. No hay un lugar caliente donde reposar, no hay ni risas ni alegría. Cormac McCarthy, el autor, pone en boca del padre, en el momento en el que se despide de su hijo, estas palabras: «Cuando sueñes con un mundo que nunca existió o con un mundo que nunca existirá en el que vuelvas a ser feliz, significará que te has rendido [...] y no puedes rendirte. No te lo permitiré». Mi letra no tenía tanta personalidad como la de Juana. Intenté, al menos, que fuera clara y con un bolígrafo de tinta negra reproduje, en un cuaderno a rayas, las frases del novelista americano. Arranqué la hoja, me la guardé en el bolsillo del pantalón y se la llevé a Juana. Antes de llegar al balneario, en el autobús, iba tan contento como el día que salí por primera vez de excursión con el colegio.

Capítulo dos

Un buen hijo de la cultura occidental tiene la vida por delante

La mejoría que creía haber intuido duró poco. Juana volvió a perder vitalidad y se encerró de nuevo en la cárcel del pasado. Durante los días siguientes me recibió con un saludo escueto, con una mirada furtiva, apenas había posado sus ojos sobre mí los retiraba con un movimiento disimulado y sigiloso. Me sentía entonces un visitante clandestino. Y se me antojaba que la prudencia y la discreción recomendaban que me retirara. Pero las veces que me levanté para marcharme me hizo un gesto levísimo con la mano, dándome a entender que apreciaba mi compañía. Me quedaba allí, en silencio. Se oía entonces el engranaje del viejo reloj de pared. Tiraba del tiempo como un animal de carga. Escuchábamos también la respiración rocosa de alguno de los compañeros del hotel. En la sala de estar donde solía encontrarme con Juana regía una ley no escrita: todos los que la usaban, si mantenían una conversación, debía ser en voz baja para no molestar a los pocos que querían leer. El estrépito se quedaba lejos, en la sala de televisión. En esos días Juana podía pasarse una hora entera sin decirme una sola palabra.

El diálogo, que nunca había sido fácil, se redujo al mínimo. Su huida de la realidad no le permitía extraer del presente experiencias sencillas o complicadas y conversar sin esfuerzo. Le resultaba casi imposible relatar una vivencia elemental como la satisfacción o la melancolía. Como la que me provocaba a mí, sin ir más lejos, ver las rosas del jardín. Eran rosas de otoño, pequeñas y abiertas. Sus pétalos, promesas blancas de una infancia perpetua. Tampoco se podía esperar entonces que Juana tuviese una inesperada reconciliación con el género humano. Es lo que me sucedía a mí cuando veía a Carmen, la enfermera que había estudiado Humanidades, tratar con ternura a una anciana que, ya muy torpe, intentaba dar algunas brazadas en la piscina.

Juana en esos días ni veía ni miraba. Al lazo que debía mantenerla atada a las cosas le quedaban pocos hilos. No podía decirme: «¡Qué bonitas están las rosas!, ¡qué misteriosa y fugaz es la belleza de estas flores y la belleza de todas las cosas hermosas!, ¡cómo me gustaría que durara para siempre!». No podía decirme: «Cuando veo a Carmen, me sorprende que alguien haga algo bueno. Me parece que todos deberíamos tratarnos bien, de un modo justo, como ella trata a la anciana torpe, como un padre trata a un hijo y un hijo trata a un padre». Juana no decía este tipo de cosas. Pero yo las pensaba delante de ella para que le llegaran vibraciones que pudieran animarla. Casi siempre que hablaba, quería que volviese a escuchar sus lamentos, sus últimos pensamientos. No eran razonamientos, sino sentimientos provocados —como ya he dicho— por alguna ofensa. Atendía a lo que me contaba pero nunca llegaba a entender quién había sido injusto con ella. No creo equivocarme, y espero no ser demasiado duro, pero en ese periodo era la misma vida la que la incomodaba. La vida en sus expresiones más triviales: el ruido del camión de la basura, las voces del cocinero, el aliento del camarero, los mirlos que piaban antes del amanecer.

Y una tarde, al entrar en la sala que parecía un casino, la vi en animada conversación y supe que se había obrado de nuevo el milagro. Habían vuelto los niños. El alemán rubio y la belga descarada no estaban allí. Pero sí María, la filósofa que había conocido días atrás, que hablaba con Carmen. No hay que explicarlo. Ni María ni Carmen eran ya unas niñas. Pero, a los ojos de Juana, encarnaban la infancia, la que siempre vuelve sobre sus pasos, la que no da nunca nada por perdido. La que hace de cada día algo diferente.

Los ojos de Juana chispeaban mientras debatía con Carmen y María. La sangre volvía a correr por sus venas. El tema de la conversación era uno de sus preferidos: el lamento por el extravío de la cultura occidental, el llanto por el momento de la historia en el que Europa tomó el camino equivocado. Las dos jóvenes no se dejaban amedrentar y le respondían con suavidad. Creo que ninguna de las tres se dio cuenta de que había llegado.

—Vivimos una gran decadencia. —Juana lanzaba sus argumentos como un volcán—. Hubo un tiempo en el que habitábamos en un mundo bien ordenado. Las personas sabían cuál era su sitio. Se sometían a la tradición, no la cuestionaban. Primero creían en Dios. Luego creyeron en la igualdad, la libertad y la fraternidad. En cualquier caso, creían en algo. Pero ahora todo es decadencia y desorden.

Carmen escuchó a Juana, y cuando esta terminó se quedó en silencio los segundos necesarios para que pasara un ángel antes de contestarle.

—Juana, esta historia de la decadencia que nos estás contando es muy vieja. Hay quien dice que es inevitable, que ninguna civilización dura para siempre. Las personas nacen, crecen y mueren, y a las culturas les pasa lo mismo. Siempre hay mundos ordenados que están a punto de desaparecer sin que hayan surgido otros.

María, que era más descarada que Carmen, se atrevió a preguntarle a mi amiga por el color de sus creencias.

—Pero, Juana, ¿tú eres verde, azul o roja? ¿De qué tipo de naufragio hablas? ¿Se hunde el barco de los valores de siempre, se hunde el barco de la igualdad de oportunidades, se hunde el planeta porque la especie humana está empeñada en reproducirse, en mejorar su vida?

Estaba convencido de que la conversación terminaría en ese punto, después de lo que se podía interpretar como una falta de respeto por parte de María. La única duda que tenía era si el diálogo moriría sepultado en las arenas de un silencio pesado o con una reacción violenta. Me equivoqué. La interpelada, tan susceptible en otras ocasiones, estimó que le habían dado pie para explicarse.

—No digas tonterías. A mí no puede interesarme un pasado sin personas. No defiendo la vuelta a un planeta en el que no estemos. Ese no es el paraíso perdido que hay que recuperar, es el jardín de los delirios. No tengo nostalgia de ese mundo que no era mundo. Nadie más que Dios lo pensaba y lo disfrutaba. Es verdad que las personas podemos llegar a ser muy peligrosas. Pero no llevan razón los que dicen que nos hemos convertido en el animal más destructivo. El respeto a la Madre Tierra no me lleva a pensar que somos como el resto de los seres vivos, o incluso peores. Eso, repito, es fruto de la locura que sufrimos.

—Entonces, ¿de qué decadencia hablas? —intervino Carmen.

Juana se removió en el sillón orejero en el que estaba sentada y respiró con fuerza.

—Es una historia larga. Nuestra civilización ha abandonado su original modo de pensar y de sentir. Europa ha perdido sus raíces: la razón de Atenas, el derecho de Roma, el Dios de Jerusalén. Ya no habitamos en un mundo que se construyó lentamente. Era el mejor de los mundos. Los griegos nos habían enseñado a pensar con ideas claras y distintas, a vivir en democracia. De los romanos aprendimos a administrar justicia, a construir caminos, a someter a los pueblos bárbaros. Roma cayó, pero en la Europa medieval, con paciencia, los monjes copiaron manuscritos, rotularon la tierra. Los artesanos levantaron catedrales de luz y de gracia, las primeras universidades recogieron y transmitieron el saber en muchas lenguas. Así se construyó una gran civilización.

—¿Y cuál fue la equivocación? ¿Cuándo se empezaron a torcer las cosas? —preguntó María con cierto tono irónico.

—Los siglos de oro se acabaron con el humanismo. Había que modernizarse, claro que había que modernizarse. Pero lo podríamos haber hecho de otra manera. Tomamos el camino equivocado. Supimos unir el pensamiento de los griegos y las verdades cristianas. Pero luego, insisto, cogimos la salida errónea. Hasta ese momento habíamos hecho ciencia, ahora no se reconoce, pero la gente de la Edad Media fue muy sabia. El problema surgió cuando empezamos a creernos que el modo de razonar que se utilizaba para descubrir los secretos del universo, las leyes de la física, o para fabricar queso era el mismo que había que utilizar para pensar en Dios y en los hombres.

—Juana, todo lo que nos estás contando es muy interesante. Y en buena parte es cierto —replicó Carmen con voz dulce—. No quiero detenerme ahora en el asunto del humanismo. Me parece más importante lo de los romanos. De ellos se puede aprender algo incluso más importante que el derecho. Dices que la civilización occidental se hunde. Pero Roma, en cierto modo, nunca defendió su cultura. Al menos tal y como nosotros entendemos qué significa defender una civilización. Los romanos construyeron un imperio que llegó hasta regiones desconocidas, alcanzaron un Oriente que sigue siendo lejano para nosotros. Pero, a su manera, eran gente humilde. Los romanos no eran occidentales, si ser occidental significa dedicarse a preservar algunas esencias. Iban por el mundo copiando, aprendiendo todo lo que les resultaba útil. Nunca tuvieron el orgullo propio de los griegos, ese que los llevó a pensar que no le debían nada a nadie. Los romanos vieron el mundo como algo que tenían delante, no como lo que se queda atrás. Un ejemplo sencillo: a lo que nosotros llamamos «cuatro caminos» (*carrefour* en francés), en latín se designaba con la palabra *trivium* («tres caminos»). A los romanos no les costaba ningún esfuerzo reconocerse deudores de otros mundos que no eran el suyo. De hecho, la leyenda del fundador de la ciudad, Eneas, la protagoniza alguien que viene de fuera con un universo nuevo en su cabeza y su corazón. El héroe griego más conocido vuelve a su casa —Carmen hablaba del Ulises de mi abuelo—. El héroe romano más famoso nunca retorna, empieza en otro sitio. Se puede decir que los romanos tenían cierto complejo de inferioridad y eso es lo que les hacía grandes. Levantaron muros para defender su imperio pero no su cultura. La cultura romana era un camino, no una fortaleza.

Las palabras de Carmen eran comprensibles pero me distraje cuando mencionó la palabra *carrefour*. La cabeza se me fue, primero, a mi nevera vacía y, luego, a la imagen de una rotonda de tres carriles. El cuarto carril por el que se llegaba al cruce desaparecía al salir de él. Era inquietante. Al escuchar de nuevo a la enfermera, aún seguía hablando de Roma.

—Los romanos reconocían que ellos no eran ni los mejores oradores ni los mejores escultores. Tampoco los mejores astrónomos. Si fuéramos romanos no estaríamos siempre a la defensiva y mirando hacia atrás.

Carmen había ido elevando la voz y terminó no gritando pero sí algo enardecida. Me sorprendió porque no pensé que debajo de su dulzura hubiese un carácter tan sólido. Juana se sentía incómoda. Estaba acostumbrada a ser la más lista y la más leída del balneario. Su silencio, a menudo, era una forma de arrogancia. Tenía delante a dos jovencitas que no se oponían a las ideas que le habían servido para construir la fortaleza defensiva tras la que se refugiaba, pero las completaban y eso le obligaba a bajar a la arena. No quería hacerlo. Perdió el control de sí misma. Por primera vez en mucho tiempo, en contra de su propósito, escuchó y respondió. María había entendido que, para conversar con Juana, era mucho más inteligente lo que hacía Carmen. La enfermera recogía los aspectos positivos de su discurso, no ahondaba en la herida, y respondía de un modo constructivo.

—Es verdad, Juana, que hemos sido injustos durante mucho tiempo con la Edad Media. Pero no podemos pensar, por ejemplo, que la alianza entre el trono y el altar, la religión de Estado, sea algo bueno, ¿o sí?

Aquí Juana cedió:

—Desde luego que no. Yo soy liberal.

En realidad mi querida amiga había incurrido en una tremenda contradicción. No se podía ser defensora de la Edad Media y, al mismo tiempo, liberal. Pero Juana no tenía construida una teoría muy elaborada. Simplemente cogía cosas de aquí y de allí para dibujar el cuadro del naufragio. Luego me di cuenta de que los restos que había en la playa y que ella utilizaba eran de barcos muy diferentes. Un día podía ser una defensora convencida de la Edad Media, una antimoderna recalcitrante, y al día siguiente exaltar otro periodo de la historia. Se trataba, en cualquier caso, de ensalzar el pasado.

—Juana —insistió María—, si eres liberal no puedes decir que todo se fue por el retrete cuando los europeos nos hicimos modernos. Antes hablabas del humanismo. El humanismo no se equivocó al poner al hombre en el centro del mundo. No es verdad que ser humanista sea necesariamente ser un individualista y un relativista, como dicen algunos. El Renacimiento respondió a una crisis —María intentaba imitar a Carmen y ser más comprensiva—, pero las crisis, como la de ahora, no son malas. Nos obligan a plantearnos problemas para los que ya no sirven las viejas respuestas. A los modernos, por ejemplo, cuando se preguntaban qué era la verdad, ya no les servía que se dijera que era algo objetivo, algo evidente, algo que existía con independencia de si era o no conocida. Los modernos aseguraban que si no hay alguien que sabe que existe el sol, es como si el sol no existiese. Y eso fue un gran avance. Los modernos querían saber cómo alguien que conoce puede estar seguro de lo que conoce. Y eso también fue muy interesante. La verdad, la fe, el amor nunca están ganados para siempre. La verdad es como una sinfonía que suena cada vez de un modo diferente. Se parece a la relación entre los que se quieren, siempre está en crisis, siempre está muriendo y siempre está reviviendo. Cada crisis sirve para descubrir cosas que no sabíamos, que no habíamos experimentado.

María parecía haberse transformado. Ya no era la filósofa que manejaba las ideas como si fueran la navaja de un preciso bandolero. Era capaz de expresar ternura y utilizaba algunas imágenes que le daban plasticidad a sus explicaciones. Pero su alma quirúrgica y polémica reapareció cuando le formuló a Juana una pregunta envenenada.

—Si eres liberal no estás contra el avance que supuso la Revolución francesa. ¿O sí?

—Yo soy liberal —se limitó a responder Juana.

María se entusiasmó y dejó atrás la prudencia y la modestia a las que había recurrido durante los minutos precedentes.

—Juana, si eres liberal te gustará que la crisis a la que quería responder la Revolución francesa nos hiciera comprender que al poder hay que ponerle límites y contrapesos, que los hombres no han nacido para ser súbditos, sino protagonistas de su vida y de sus decisiones políticas. Pero si eres liberal no te puede gustar que la igualdad y la fraternidad se impongan sin libertad, cortando cabezas. Si eres liberal no aceptas los cambios conquistados por la fuerza de las armas o por la violencia de una revolución. Un revolucionario se parece mucho a un reaccionario. Los dos quieren provocar de modo violento el cambio, quieren acelerar o frenar la historia. Los revolucionarios y los reaccionarios viven exiliados del tiempo, del presente. Los dos son militantes de lo que no existe: sueñan con las ruinas del pasado o con el paraíso que quieren construir. Los cambios no se le arrebatan a la historia. Un cambio se consolida como cambio cuando los hombres que hacen la historia lo han aceptado y hecho suyo. De otro modo, está condenado al fracaso. Los gobernantes, si fueran realistas, se limitarían a tomar nota de lo que sucede. Solo tendrían que reconocer con sencillez que la transformación ya se ha producido y centrarse en las consecuencias.

—Yo no soy una retrógrada. Yo soy moderna y creo en la libertad.

Juana estaba decidida a dejar claras las ideas en las que creía. Pero al exponerlas parecía no darse cuenta de que seguía ahondando en su contradicción. Volvió a defender las antigüedades. Pero ya no eran las antigüedades clásicas, ni las medievales, ahora ensalzaba las antigüedades ilustradas.

—Como bien sabéis vosotras —había ironía en su voz—, cuando los europeos ya éramos modernos, cuando ya no quedaba ni rastro de la Edad Media, nos matamos unos a otros por nuestras creencias. Antes había habido guerras de religión, por ejemplo las guerras de la Reconquista o la guerra contra el Turco. Pero estas fueron otra cosa. Eran guerras entre cristianos. Durante casi dos siglos se vertió sangre de españoles, alemanes, franceses, escoceses, irlandeses, ingleses... Protestantes contra católicos, protestantes contra protestantes, católicos contra católicos. Hasta que alguien tuvo la feliz idea de firmar la paz en un sitio que se llama Westfalia, que ahora está en Alemania. Era una paz especial porque suponía el compromiso de que la religión dejara de ser causa de conflicto entre los cristianos. Para convivir sin enfrentamientos, nos dimos unas normas que podían servir para todos porque no estaban fundadas en la religión de cada cual. Se promulgaron normas comunes, basadas en lo que es común a todos: la razón. Si teníamos la misma naturaleza, podíamos darnos unas normas universales. Quitamos de la ecuación la Iglesia a la que cada uno pertenecía. Estoy hablando de valores que todo el mundo podía reconocer. Hubo que esperar todavía un tiempo, pero al final se encendió la luz y se reconoció que todos los hombres son iguales, libres e independientes por naturaleza. Y que tienen derechos que nadie les puede quitar: a la propiedad, a intentar conseguir la felicidad y la salud y muchas cosas más. Ahora ese mundo luminoso ha desaparecido, no queda nada de él.

—Quizás nunca existió —aseguró María—. Ni las luces fueron tan claras ni la razón tan limpia. Esos valores que debían ser evidentes seguramente nunca lo fueron del todo. En cualquier caso, la moral fundada en la razón se ha desplomado. Las promesas no se cumplieron y durante el siglo xx sufrimos situaciones terribles como el genocidio armenio, la *shoah* judía, la carnicería de dos guerras mundiales —mucho más sangrientas que las guerras de religión—, las hambrunas soviéticas, el genocidio ruandés... Nunca se mató tanto y de forma tan sistemática. Los inventos técnicos fueron puestos a disposición de los regímenes totalitarios. El problema es que no supimos ver la crisis y convertirla en una oportunidad. Creímos con ingenuidad que la humanidad podía llegar a la mayoría de edad gracias a la difusión de la cultura y el saber. Y estábamos convencidos de que para acabar con las guerras de religión bastaba con declarar la separación de la Iglesia y el Estado. Otra ingenuidad.

Juana cerró los ojos y lanzó un profundo suspiro. Ahora ella era la alterada. Ya no quería un pasado medieval, ahora quería ser la más ilustrada de todos los ilustrados.

—Podemos volver atrás y recuperar la herencia del Siglo de las Luces —respondió—. Solo tenemos que frenar el curso de los acontecimientos, armarnos para hacer frente con contundencia a sus enemigos y derrotarlos. Nuestra lucha debe ser defender que los hombres pueden comprender y entender con claridad las cosas, que todos tenemos una naturaleza común y que hay leyes no escritas que nos obligan del mismo modo, sea cual sea nuestra cultura. Debemos decir alto y claro que la sola razón basta para justificar la democracia, que cualquier persona sincera y espabilada, usándola, puede edificar una vida honesta. Debemos defender que la religión, importantísima para dar sentido a la vida, para elevarse sobre la insuficiencia de las cosas terrestres, debe tener su espacio en las alcobas, en las iglesias, en las sacristías, en las cofradías. Y no como ahora, que ha vuelto a invadir las calles y determina hasta el modo de vestir. Habíamos aprendido a usar la razón para alcanzar la verdad, para someter las opiniones y las emociones. Debemos recuperar eso.

Seguir el diálogo de las tres mujeres requería de mí unas energías que se habían acabado. Intentaba prestar atención pero no lo lograba. Pensé que tenía que comer algo. Sí, eso era, tenía que reponer fuerzas y me acordé de que en el pasillo había unas máquinas de *vending*. El dispensador de café estaba estropeado y solo conseguí un americano con sabor a vainilla. Lo acompañé con un bollo industrial bañado en un chocolate que me proporcionó la dosis de azúcar que necesitaba en ese momento. Cuando volví a la sala, mis amigas apenas se habían movido. Con el dulce reviví. Tenía las manos manchadas. Pero no quise ir a buscar las servilletas de papel que había visto en el vestíbulo del hotel; se asomaban por la rendija de una de esas cajitas de cartón que las convierten en velas delicadas de un barco que no puede zarpar. Me chupé el pulgar y el índice, que eran los dedos en los que tenía restos.

Con las fuerzas ya recuperadas, las palabras de Juana volvían a suscitar mi curiosidad. Ella misma, sentada en su sillón orejero, despertaba mi atención. Observé cierta gracia que parecía oculta bajo la severidad de sus gestos. Antes no la había apreciado. Llevaba un vestido naranja, algo escotado, que daba algo de luz a sus ojos claros. No se mostraban tan cansados como otras veces. La última luz de la tarde que entraba por la ventana le daba al saloncito del balneario una calidez pacífica. Pensé que el sol, y no solo el sol, declinaba. Pero no era cierto. Esa vez la despedida del día no iba acompañada de la habitual frustración que ese momento despierta. Ni yo, ni me parece que mis compañeras, teníamos la sensación de habitar en un tiempo baldío. No nos sentíamos culpables por las muchas tareas que se habían quedado pendientes. La hora escarlata llegaba sin las urgencias acostumbradas, acompañada de una melancolía con cierto rastro de promesa. Al mirar a las tres mujeres, pensé que las gentes que en ese instante cogían el autobús para volver a su casa no eran necesariamente sombras de un sueño derrotado. Los suspiros breves de esas personas, sus miradas clavadas en el suelo, bien podrían ser una oración, el deseo todavía sin nombre de otro presente, de otra vida no condenada al fracaso. La luz, que pronto haría estallar el horizonte en una despedida de púrpura y oro, parecía buscar la cara de Juana para desvelar lo que todavía no había visto en ella. No vi en ese momento a Juana enjaulada en el pasado del que tanto hablaba. Discutía, sí, pero quizás buscaba secretamente que desmontaran sus argumentos. Parecía haber superado la recaída. Sin querer reconocerlo del todo, me di cuenta de que visitarla en el hotel se había convertido para mí en una fuente de contento. Me consideraba afortunado por tenerla como amiga. No le estaba haciendo ningún favor. Era yo el que me sentía honrado escuchándola. Retiré con rapidez la mirada que había posado sobre ella. Me percaté de que llevaba mucho tiempo observándola casi sin parpadear. Seguramente sí lo había notado, pero se hizo la distraída.

Capítulo tres
Nos conocemos si frecuentamos desconocidos

El almuerzo en el hotel de Juana se servía pronto, a partir de la una y media, en un comedor con techos altos y mesas para cuatro comensales cubiertas con manteles blancos de tela. Mi amiga prefería que se lo llevaran a su habitación aunque debiera pagar un pequeño suplemento por el servicio. Nunca me pareció que tuviese problemas de dinero. Un sábado por la tarde me llamó para preguntarme si estaba libre al día siguiente y si podía comer con ella. Le contesté que sería un placer. Después de que sonara una discreta campana, ocupamos nuestro sitio. Nos sentamos los dos solos. El menú era sencillo: verduras de primero y pollo a la plancha de segundo. Nuestro vecino de mesa, un abuelo algo torpe, al darle un pellizco al pan tiró su plato al suelo. Se rompió con un gran estrépito, como si se hubiera hecho añicos medio mundo. El viejo pidió perdón azorado. La camarera que le atendía, una nicaragüense muy cariñosa llamada Valeria, se deshizo en ternuras con él. Mientras barría los trozos de la loza, sonrió e intentó tranquilizarle.

—No se preocupe, señor Eugenio, que todavía no vamos a traerle el plato de madera —le dijo.

Juana se volvió con un gesto rápido y le preguntó a Valeria a qué se refería con eso del «plato de madera». La nicaragüense le explicó que se trataba del título de un cuento de su país. Narraba la historia de un abuelo viudo que vivía con su hijo y sus nietos. Después de haber roto varias piezas de la vajilla, lo pusieron a comer aparte en un plato de leño. No querían que les molestara. Un día, el padre se encontró a su hijo tallando un tronco y le preguntó qué estaba haciendo. El niño le respondió que fabricaba su plato para cuando pasaran algunos años.

—Es una historia que parece que viene de los antiguos indios de mi tierra, los chibchas. Se les cuenta a los niños para que aprendan a cuidar a los mayores —añadió la nicaragüense.

La que ya consideraba mi amiga había estado abatida y callada hasta que apareció una historia con un niño como protagonista. Valeria se fue a la cocina y Juana aprovechó para decirme que el relato no tenía nada que ver con los chibchas, que seguramente lo habíamos llevado los españoles a América porque ella lo había oído en un pueblo de Granada.

Me quedé con la curiosidad de saber de dónde era la historia y, al llegar a casa, la busqué en internet. El cuento pertenecía a una tradición árabe muy antigua recogida por Hasan M. El-Shamy en un libro titulado *Folk Traditions of the Arab World*. Pero también lo mencionaba otro estudioso llamado Maxime Chevalier, un hispanista francés. Este decía que era un cuento español del Siglo de Oro. Había versiones en catalán, gallego, vasco y una que utilizaban los judíos de Tánger. Pensé que en el mundo estábamos muy mezclados.

Nos tomamos las verduras en silencio. Ese día Juana tenía apetito, aunque comía sin precipitación. Se llevaba el tenedor a la boca y ese era el único momento en el que la abría. Masticaba con exquisita elegancia. Más de una vez me pareció que había decidido contarme algo pero que no conseguía reunir fuerzas suficientes para hacerlo. Comprendí que debía esperar para que esa confidencia llegara hasta mis oídos. No tenía especial curiosidad. Intuía que sería algo doloroso. Valeria trajo los platos con el pollo y después de diez minutos se los llevó vacíos, sin que mi amiga hubiese dicho nada. No quise iniciar una conversación que rompiera el hielo. Hubiera podido hablar, por ejemplo, de las lluvias que ya habían llegado y comentar las pequeñas inundaciones registradas en algunas calles porque las rejillas de los desagües no estaban limpias. No hacía falta.

Cuando Valeria apareció con la fruta, le pregunté si volvía con frecuencia a Nicaragua.

—Este año he podido viajar en agosto y he participado en la «traída de Minguito». Me ha hecho mucha ilusión, le tengo gran devoción al santo.

—¿Qué es la «traída de Minguito»? —preguntó Juana.

Valeria nos contó que el 31 de julio se lleva la imagen pequeña de Minguito, el nombre cariñoso que se le da a santo Domingo de Guzmán, desde un santuario que estaba a las afueras hasta Managua, a la iglesia que lleva su nombre. Estaba de vuelta el 10 de agosto.

—La traída es una fiesta grande. Muchos se disfrazan de indios con cintas en la cabeza y se pintan la cara de negro. Otros se visten de demonios o aparentan que van montados en toros. Hay gente que ha hecho promesas. Algunos están muy borrachos cuando entra el santo en la iglesia. Todo el mundo grita y baila. Siempre hay ruido y mucha pendencia en los periódicos cuando se celebra nuestro Minguito. Hay curas que dicen que es una fiesta pagana, que los ritos son de antes de que llegaran los españoles y que una romería como esa es ocasión de pecado. Yo digo que santo Domingo es santo Domingo —concluyó Valeria.

María vino a tomarse un café. Y con ella, una media sonrisa en la cara de Juana. Nos encaminamos hacia las máquinas del pasillo donde había comprado el dulce de chocolate. Mientras buscábamos monedas nos contó que en la sala de la televisión estaban pasando una serie, ya algo antigua, dedicada a la vida de Napoleón. Había visto a Christian Clavier encarnando al general francés, que todavía no era ni emperador ni primer cónsul de la República. Estaba desembarcando en Alejandría.

—Me encanta ese periodo de la historia de Napoleón — se sinceró María.

Napoleón llega a Egipto como un gran personaje de la Ilustración. Le acompañaban ciento cincuenta sabios, entre los que había ingenieros, geógrafos, naturalistas, médicos, cartógrafos y astrónomos. Nuestra común amiga nos contó cómo el país de las pirámides se convirtió para todos esos hombres eminentes en un gran laboratorio. Expertos de las más variadas disciplinas científicas ensayaron sus hipótesis. Se realizaron estudios biológicos con los restos momificados y se analizó el fenómeno óptico de los espejismos en el desierto. Y todo aquel trabajo se publicó en una obra de veintitrés volúmenes titulada *Descripción de Egipto*. En el viaje, durante algunos días, pareció que Bonaparte estaba de verdad interesado en el islam y que iba a convertirse. Los egipcios le declararon yerno del profeta y le cambiaron el nombre: pasó a denominarse Alí-Bonaparte. Pero todo era una estratagema. Cuando El Cairo se alzó contra el invasor, el francés bombardeó la gran mezquita de Al-Azhar y sus tropas la profanaron.

—Los ilustrados mostraron mucho interés por Egipto, se llevaron tesoros notables. Aprendieron a disfrutar del café, algunos se dejaron barba y bigote, y uno se casó con una mujer del lugar —añadió María—. Pero no creo que se pueda decir que hubiese un verdadero encuentro entre la cultura europea y la cultura egipcia del momento. Eso tuvo que esperar varias décadas. Solo se produjo cuando los egipcios enviaron a jóvenes con talento a estudiar a Europa.

Mientras María nos contaba la aventura napoleónica y mostraba su escasa estima por los ilustrados, se nos unió Carmen, que había acabado su turno. Sentadas en la sala, las tres mujeres comenzaron una de sus largas conversaciones. Alborotaban como colegialas y un señor muy serio les tuvo que llamar la atención.

—Valeria, que es nicaragüense, nos ha servido hoy la comida —contó Juana—. Cuando yo era pequeña, en esta ciudad raramente se veía a un extranjero. Y ahora hay entre nosotros gentes que han venido de muchos rincones del planeta. Cada uno tiene su modo de ver el mundo y sus costumbres. En el caso de Valeria, su cultura se parece mucho a la nuestra; para empezar porque hablamos el mismo idioma. Pero hay otras culturas que nos son más extrañas, y es normal que sea así. Pienso por ejemplo en el asunto del machismo y del trato que se les da a las mujeres. Hay tradiciones que las consideran de segunda categoría. Nosotros, en lugar de empuñar nuestra proverbial capacidad crítica, nos hemos convencido de que cualquier costumbre es buena. Pensamos que no se puede distinguir, que no hay verdad que sirva para todos. Por eso digo que se pierde el tesoro de la civilización occidental. Se desconfía de la razón, de la voz clara y distinta de Dios en los hombres. Fue Él quien nos dio la capacidad para pensar y ser disciplinados. Si estamos bien educados, somos industriosos y racionales, conocemos el orden de las cosas. Antes se utilizaba una expresión muy hermosa para decir que algo era normal, que había sucedido, para bien o para mal, como debía suceder. Se decía: «Está en la naturaleza de las cosas». Pero ahora ya no se reconoce la naturaleza de nada. Cada uno tiene su cultura porque se la ha inventado, o porque se la inventaron sus abuelos o sus antepasados de hace cien o mil años. Ya no hay cultura que nazca de la naturaleza de las cosas. No hay un punto fijo en la vida espiritual. Todo es interpretación, construcción. El edificio del espíritu se considera arbitrario. No hay cimientos indiscutibles. Insisto: parece que todas las culturas son iguales, que no hay criterio con el que valorarlas, y no es así. Digamos las cosas claras: los europeos hemos ido por delante en la carrera del progreso.

—¿Como Napoleón? —inquirió María.

—Hay otras formas de descubrir y conquistar diferentes de la que utilizó Napoleón, y si no que se lo pregunten a Valeria. Pero quedémonos con Napoleón. Ahora nos dicen que la colonización fue un acto de soberbia del hombre blanco. Vamos a ver, María, ¿era o no era superior la cultura de Napoleón y sus ciento cincuenta sabios a la cultura egipcia de comienzos del siglo xix? El islam había perdido en ese momento buena parte de la fuerza espiritual, artística e intelectual que había tenido en la Edad Media.

—Los sabios de Napoleón entrevistaron a algunos egipcios, estudiaron estadísticamente la sociedad, el gobierno, la ley, la religión, la economía, casi todo con lo que se encontraron —respondió María—. Les interesaba apropiarse de ese mundo y convertir a los egipcios en franceses del otro lado del Mediterráneo. Es verdad que construyeron hospitales, salas de lectura, un teatro y un salón de baile. No creo que a los dominados todo aquello les interesara mucho. Napoleón estaba allí para emular a Alejandro Magno. Dejemos de lado a Bonaparte, que al fin y al cabo se fue a los pocos meses derrotado. Lo que quiero decir es que los abusos del colonialismo europeo no se pueden justificar.

—¡Claro que hubo excesos que no tienen justificación! Pero dime una cosa: ¿Hispanoamérica, Asia o África no están mejor ahora que antes de que llegaran los europeos? Lo hicimos a menudo muy mal, explotamos sus riquezas, los convertimos en muchos casos en esclavos... Los vicios de los imperios coloniales siguen siendo un lastre para numerosos países. Pero eso no significa que se pueda ensalzar como un paraíso lo que había antes de las colonias. Los europeos fuimos motores de la modernización. La ciencia occidental y sus valores no son por fuerza herramientas que torturan los cuerpos y contaminan las almas. ¿Tiene el mismo valor la cultura de unos indios que sacrificaban en su oscura ignorancia a los niños para apaciguar a los dioses que una cultura que ha generado las cantatas de Bach? ¿Queremos abandonar los criterios universales por los criterios de raza? Nos dicen que hay «otras formas de desarrollo». ¿Cuáles son? O hay desarrollo o no lo hay. Hay pueblos atrasados y pueblos sin o con poca cultura. ¡Nos dicen que tenemos que bajarnos de nuestro pedestal, que tenemos que reconocer que también nosotros somos indígenas! ¡Ya no hay jerarquía, solo igualitarismo!

María, como ya había hecho Carmen otras veces, esperó a que Juana volviera a llenarse los pulmones de aire. Había perdido el resuello.

—El tema del colonialismo es complicado, no es una historia en blanco y negro y creo que llevas razón en mucho de lo que dices —intervino María finalmente—. Pero me interesa más lo de la naturaleza. No te molestes, Juana, pero me parece que la absolutizas cuando hablas de la naturaleza del ser humano y creo que eso tiene que ver con tu sensación de derrota. Existe sin duda la naturaleza humana, no todo es cultura. Pero esa naturaleza de la que hablas también es historia. Nosotros somos muy diferentes de nuestros antepasados, los que solo recolectaban y cazaban, los que escribían con jeroglíficos. También somos diferentes de los indios que ahora viven en la selva amazónica. Los seres humanos somos animales que interpretamos nuestra vida. Eso en gran medida nos define. No hay más que mirar qué ha sucedido con la cultura occidental de la que tanto hablamos. Hubo un tiempo, antes de que llegara eso que llamas el «reinado de la razón», en el que los «occidentales» tenían una percepción muy aguda del «mundo de los espíritus». Y pensaban, por ejemplo, que solo las noches que precedían a la Navidad eran realmente serenas. Las demás noches del año estaban pobladas de seres incorpóreos, a ratos amenazantes, a veces portadores de buenos mensajes. Sus creencias no eran ilustradas pero sí occidentales. Nosotros estamos convencidos de que la naturaleza de un hombre es la naturaleza de un ser que controla la realidad, que posee las cosas. Los europeos del siglo XIV o del siglo XIII nunca hubieran pensado que el mundo les pertenecía por completo.

—Me estás dando la razón —respondió Juana—. Si, como tú dices, todo se entendiera en función de cómo se interpreta uno a sí mismo, todo sería relativo.

—Yo no digo que todo sea relativo —se explicó María—. Solo sostengo que la nostalgia a menudo nos invade por nuestra incapacidad de imaginar y de reconocer a personas diferentes. Nos cuesta aceptar que la unidad del ser humano se muestra en una diversidad que supera nuestros esquemas mentales. Y eso nos distancia del misterio que hay en cada persona. No se termina nunca de conocer algo que es misterioso, y el hombre lo es. Si pensamos que todo el mundo es como nosotros, porque ya abarcamos a la perfección la naturaleza del ser humano, nos perdemos la oportunidad de conocernos mejor. Siempre, si somos sinceros, nos recibimos a nosotros mismos como conocidos y, al mismo tiempo, como desconocidos. La diferencia nos lo hace ver. Sin dejarnos sorprender por el misterio de las personas, que es nuestro propio misterio, nos domina el miedo, el aburrimiento, soñamos con paraísos que no han existido. Dejamos de ser «romanos». El otro día hablamos de lo que significa ser romano. Buscar la verdad implica mantenerse abiertos a los cambios de cada tiempo. Solo la apertura a lo nuevo, a la cambiante forma de la verdad, que es naturaleza y también historia, permite no aburrirse en la defensa de lo viejo. La verdad siempre se manifiesta como algo nuevo.

Juana quería que María aceptara algo de lo que defendía.

—Pero estarás de acuerdo conmigo en que hay algunas leyes mínimas de nuestra naturaleza que podemos conocer. Y ahora ya no tenemos ni eso, no hay criterios, nos movemos por deseos y miedos irracionales. Nada tiene significado, no hay una verdad incuestionable. Sin Dios y sin razón, nadie sabe lo que vale y lo que no, lo que es justo y lo que es injusto. No luchamos por una vida más noble, como en otro tiempo. Solo buscamos cosas que nos dejan vacíos...

Mi amiga iba alzando la voz.

—Nos domina el exceso, todo es nada y todo es demasiado. El saber, el poder, el trabajo, el ejército, la familia, la Iglesia, los partidos, ya no proporcionan principios absolutos e intangibles. En realidad, casi nadie cree en ellos. Después de haber abdicado del uso de la razón, nos hemos atiborrado de sexo, de placer, y nos hemos dado cuenta de que detrás de tanto disfrute solo había una Gran Nada. Estos tiempos son muy oscuros porque no les queda ni siquiera la angustia. En el desierto en el que vivimos no hay rebelión, no hay desafío. Somos hombres sin atributos, solo tenemos una dimensión: producir, hacer dinero, buscar satisfacción en placeres cada vez más breves.

—Juana —respondió María—, no voy a negar tampoco ahora lo que has descrito. Has asegurado que ya no se conocen ni las leyes ni unos criterios mínimos. Siempre podemos distinguir, claro está, lo bueno de lo malo, lo justo de lo injusto. Pero a veces, cuando hablamos de una ley moral que tiene su origen en la naturaleza, parece como si se pudiese conocer esa ley del mismo modo que se conocen las tablas de multiplicar. Estamos hablando de la naturaleza humana. En realidad habría que utilizar otra palabra. Las personas somos y no somos parte de la naturaleza. No lo somos como lo es un trozo de granito o un poco de musgo. En cualquier caso no podemos pensar que todos, en todas las circunstancias, pueden conocer y ser capaces de vivir conforme a lo mejor. Hay que tener cuidado para no convertir los mínimos en máximos y luego ir por ahí juzgando y condenando a la gente.

—Admitirás que conformarse con el mínimo del mínimo es menos civilizado.

—Lo admito. Pero también ese déficit de civilización es una ocasión para entendernos mejor.

—Por eso no paso —replicó Juana—. No puedes dar por bueno el descuido del alma. Si no nos ocuparnos de ella, en cierto modo dejamos de existir. El alma busca dónde está el sentido de las cosas, cuál es el propósito de la vida. Occidente es la defensa de unos valores eternos. Occidente enseñaba a hacerse eterno.

—Si lo eterno no entra en la forma del tiempo —respondió con rapidez María—, no estamos hablando de la eternidad occidental.

—La razón derrotada, derrotada también la voluntad —exclamó Juana con algo de afectación—. Siempre nos dijeron que teníamos que llegar más alto, caminar más rápido, ser más fuertes. Nos educaron para ser buenos atletas: ágiles, prestos en la toma de decisiones, capaces de conservar la sangre fría. En otro tiempo podíamos gobernarnos a nosotros mismos. Y ahora la falta de energía es espantosa. Nos hemos vuelto unos blandos, andamos todo el día gimoteando. Hemos renunciado a forjar el carácter.

—Juana, seguramente siempre fuimos así. Había ciertos hábitos que disminuían nuestra debilidad, pero siempre fuimos así. Ahora lo hemos admitido y se nos ha concedido el don de las lágrimas. Siempre fuimos frágiles, incapaces de mantener una promesa. Pero no lo reconocíamos. La ventaja es que ahora es más difícil engañarnos y engañar a los demás. Extenuados, faltos de vigor, somos más reales.

La conversación continuó y llegó un momento en el que no podía distinguir el rostro de ninguna de las tres mujeres. La sala estaba ya a oscuras y no habían sentido la necesidad de encender la luz. La tarde se fue con prisas. Servían la cena. Del comedor llegaba el rumor alegre de la charla en torno a la mesa, el sonido como de campanilla de los cubiertos.

Hubo algo de lo que habían dicho aquella tarde que me interesó más que el resto. María había hablado de nuestra torpeza, de la incapacidad para reconocer a seres humanos diferentes.

No tenía que irme a otro periodo de la historia ni a un templo en el corazón de la India para entenderlo. En mi vida esos seres diferentes y amenazantes, en cierto sentido incomprensibles, habían sido siempre las mujeres. Criado en una familia numerosa, la única mujer en casa había sido mi madre. Las niñas con las que tuve trato en mi infancia fueron tres primas; dos de ellas me sacaban más de cuatro años y a esa edad son muchos. Había otras niñas en el colegio, pero no les prestaba atención. Y cuando se hicieron mayores, en el instituto, la atracción y la repulsión luchaban dentro de mí sin darme tregua. Me he sentido atraído por algunas mujeres y ellas se han sentido atraídas por mí. Eso ha hecho más fáciles las cosas. Pero he tenido pocas amigas. Una amiga es una mujer con la que puedes estar tranquilo. Puedes disfrutar de sus encantos sin dejarte arrastrar por ellos. No sueñas con ella, no se convierte en una obsesión. Sigue siendo una mujer pero no piensas siempre que es una mujer. Juana había traído algo diferente: cada vez éramos más amigos y yo pensaba, de forma insistente, en Juana como lo que era: como ucuatrona mujer.

Capítulo cuatro
Estamos condenadamente hambrientos y esa es nuestra fuerza

Las conversaciones con María y Carmen estaban haciendo de Juana otra mujer. Mejoraba de forma rápida. Una tarde le conté que había subido hasta el hotel en un viejo coche que sacaba poco del garaje. No merecía la pena usarlo en nuestra ciudad. En ese momento mi amiga levantó los ojos y me preguntó si cabríamos los cuatro en él. Quería que fijáramos un día en el que pudiéramos salir con Carmen y María a dar un paseo por el campo y comer fuera. No quería ir a un restaurante. Prefería hacer algo de compra, buscar un merendero y sentarse a disfrutar del paisaje y la buena compañía. Juana no salía ni al jardín cuando había empezado a frecuentarla. Si acaso, se asomaba a la ventana o se sentaba al borde de la piscina para ver cómo otros tomaban las aguas. Huía de las corrientes. El otoño, aunque todavía se mostraba amable, no era una buena estación para los enfermos de nostalgia ni para comer al aire libre. Pero mi amiga estaba dispuesta a aventurarse, incluso a visitar un castañar, a pisar la alfombra ocre de las hojas caídas, a darse un baño de luz de oro y sangre filtrada por las ramas jóvenes de árboles viejos. Estaba dispuesta a apoyarse en troncos añosos. Pensé que podía ser peligroso. Los rojos tardíos, el olor de la tierra húmeda mezclada con las primeras hojas que ya empezaban a descomponerse, y el atardecer prematuro podían provocar en Juana una pena más honda. La otoñada denuncia a voces lo caduco de cualquier presente. Pero no podía decirle que no.

El día amaneció cálido. Nos subimos al coche como si fuéramos chiquillos nerviosos que no habían dormido la noche anterior ante la inminencia de un viaje en globo. De hecho, durante la noche me había despertado en varias ocasiones para ir al baño y acabé desvelándome. Solo conseguí conciliar el sueño cuando bajo mi ventana empezó a oírse el ajetreo de los primeros movimiento de tráfico, el ímpetu de los autobuses de línea a esa hora en la que las paradas aún están casi vacías. La tarde anterior había entrado en una tienda *gourmet* de comida preparada que quedaba a dos calles de mi casa. No la había pisado antes. Cuando pasaba por delante de su gran escaparate y veía a sus dependientes diligentes, con sus uniformes blancos, cortando una chacina o un buen trozo de algún queso selecto, dejaba que creciera en mí un resentimiento hacia los que podían permitirse semejantes lujos. Crucé la puerta de aquel templo de lo exquisito y me dije a mí mismo que iba a gastar lo que fuera necesario, que una vez era una vez. Pedí una tortilla de patatas, cuatrocientos gramos de salpicón de marisco y cuatro sutiles filetes a la milanesa. Y mientras hacía la cuenta cambié de opinión. Decidí completar la operación de abastecimiento para el pícnic en el supermercado económico que tan bien conocía.

Juana se puso ese día un traje verde como si fuera a participar en una batida para cazar zorros. Quizás lo había hecho alguna vez, antes de que los británicos las prohibieran. Tenía el aspecto de una amazona sin caballo. Su atuendo estaba fuera de lugar, pero lo llevaba con ese donaire y esa gallardía tan suyos. Desde nuestro primer encuentro había advertido la gentileza y la elegancia de sus maneras. Se sentó a mi lado. Carmen y María ocupaban el asiento trasero. Salimos de la ciudad en silencio, como quien comienza una peregrinación. En realidad se trataba de eso, de un viaje de Juana hacia ella misma. La compañía me hizo ver de un modo diferente el paisaje urbano que conocía desde niño. Prestaba una atención nueva a cosas que nunca miraba. Giré en una de las pocas plazas con fuente de nuestra ciudad. Me di cuenta de que el agua subía hasta una altura respetable, el impulso la convertía en una columna de risa. El semáforo se puso en rojo y pasó una muchacha con un vestido corto y unas botas de *cowboy*. Luego apareció un señor con una gorra que paseaba a su perro. El cielo no estaba del todo despejado. Por poniente se asomaba una formación de nubes ingenuas, pequeñas. Iban muy juntas, como un grupo de señoras en una clase de gimnasia. Llevábamos las ventanillas abiertas y me llegó el humo del pitillo del último peatón que cruzó antes de que el disco se pusiera en verde. Presté oídos al ruido de un camión cisterna que regaba el asfalto, me fijé en la garita vacía de un cuartel que dejamos a un lado. Vi subir al autobús a una madre con un carrito de bebé a la que nadie ayudó. ¿Por qué me fijaba en aquellas personas? ¿Por qué de todos los olores y los sonidos que me llegaban seleccionaba algunos sin darme cuenta y los otros no los registraba? Constaté que escogía los que me parecían míos en ese momento en el que tenía a Juana a mi lado. El olor a tabaco me traía a la memoria una juventud que me hubiera gustado vivir con ella. El gesto del señor de la gorra me recordaba un ademán de mi padre. Deseaba que Juana lo hubiese conocido. La fuente...

María me sacó de mis pensamientos con una petición.

—¿Te importa si ponemos un poco de música?

Me acercó un cable enganchado a su teléfono móvil y lo conecté a la salida USB. La primera canción empezaba con unos acordes que hubieran podido ser los de un viejo instrumento indio. Pero enseguida la melodía ganó fuerza y se le incorporaron unos coros femeninos cada vez más inquietantes. Después de una larga introducción, apareció la voz potente y desgarrada de una solista con acento británico. La percusión irrumpió al llegar al estribillo en el que la palabra *hunger* («hambriento») se repetía una y otra vez. En unos casos la segunda sílaba se extendía como si la cantante estuviera pidiendo algo de comer con un plato vacío que aferraba con las dos manos. En otros, esa segunda sílaba parecía un martillo lanzado con fuerza. «*Hunger, hunger...*». La letra contaba una historia dolorosa, la de una chica que a los diecisiete años había empezado a morirse de hambre y a pensar que el amor era puro vacío. Conoció la soledad. Y luego comenzó a usar su cuerpo como una cosa. La belleza solo le servía para salvarse por un momento de la muerte. Buscaba en múltiples hombres el abrazo que no había encontrado en las drogas. En medio de todo ese naufragio, emergía con sinceridad y dramatismo un grito: «*We never found the answer but we knew one thing: we all have a hunger*» («Nunca encontramos la respuesta pero sabemos una cosa: todos tenemos hambre»). «Todos tenemos hambre». La frase se repetía cuatro veces. La canción se terminó y volvió el silencio.

Juana, sin prisa, preguntó:

—¿Quién es esta chica?, ¿quién ha compuesto la canción?

—Es Florence Welch, la vocalista de una banda londinense de *indie rock* que se llama Florence and the Machine —respondió María—. Y esta canción es su historia, la historia de su anorexia y su adicción a las drogas.

—¿Puedes ponerla de nuevo? —pidió Juana.

Cuando dejó de sonar por segunda vez, mi amiga habló con una compasión rara en ella hasta entonces.

—Es una historia dura, llena de sufrimiento. Seguramente sus padres se separaron y no recibió una buena educación, y si se la dieron, la rechazó. Y ese vacío y una personalidad sin forjar le hicieron caer en las drogas. Es un ejemplo de lo que nos ocurre: la falta de carácter ha corrompido la educación. Los chicos no se esfuerzan. No tienen sentido del deber, son adictos a las pantallas, a la pornografía, al alcohol, a las fiestas, a los maratones de series. Otros quieren cambiarse de sexo como quien se muda de país, se hacen cortes, se meten en su cuarto y no salen... Cuando empiezan a trabajar no valoran el sacrificio y quieren cambiar rápidamente de empresa o buscar experiencias alternativas, no se casan, no tienen pareja estable, viven vidas sin tensión, huyen de lo difícil. La culpa es de los intelectuales que odian a Occidente y se han hecho con el control de las universidades, de los que escriben los libros de texto y los periódicos. Les dicen a nuestros jóvenes que pueden vivir en un mundo absurdo, sin sentido y sin arraigo. No se les ha enseñado que los hechos son los hechos y son súbditos en el reino de la interpretación. Se les empuja a creer que un colegio, una empresa o una familia es una cárcel, un centro de opresión, y que pueden liberarse de su malestar si abandonan esas instituciones. Y ahora viven en el desierto de la soledad. Y toda la rabia que llevan dentro se ha convertido en un producto con el que algunos ganan mucho dinero en redes sociales.

—Es literalmente como dices, Juana —concedió Carmen—. Nadie les ha dicho nunca nada o casi nada interesante. Florence y, sobre todo, los que vienen después son el ejemplo de varias generaciones de jóvenes que no han terminado de ser engendrados. Sus madres los han concebido biológicamente, pero nadie los ha acompañado para que descubran el valor y el significado del vacío, de la soledad, del desamor que sienten. No se vive una vida fácil cuando te han arrojado al mundo sin padres, maestros o vecinos que te vuelvan a engendrar. Vives una existencia privada de razones. ¿Qué motivos van a tener entonces para comprometerse, para sacrificarse, para mantener una relación estable? No se puede dar por supuesto que todo eso merece la pena. Hace falta una energía, una alegría que no han alcanzado. Y solo escuchan los reproches de un mundo que se les ha quedado muy lejano. Pero cuando dicen «estoy mal», no es porque sean unos vagos y unos indolentes. Según algunos gurús, los hemos desgraciado porque los hemos criado sumergidos en una mermelada sentimental. Pero nadie les ha hablado de sentimientos, ni siquiera son niños consentidos porque no están malcriados. Sencillamente nadie les ha criado. Los expertos también sostienen que las pantallas han destruido su capacidad de atención. Me parece que, aunque no hubiera pantallas, tampoco podrían concentrarse porque nada despierta en ellos la fuerza y la firmeza necesarias para que su corazón y su cabeza se fijen en algo.

Juana parecía no escuchar.

—Carmen, son unos ligeros. No cumplen ninguna norma, no asumen responsabilidad alguna y se quedan tan tranquilos. No tienen conciencia.

—En eso te equivocas, Juana. Es difícil encontrar en la historia una generación que se sienta tan culpable como esta.

—¿Culpables de qué? ¿De no ser solidarios, de no ayudar a la gente, de no estar comprometidos con el planeta?

—No, culpables de haber venido al mundo.

—¿Qué quiere decir «culpables de haber venido al mundo»?

—Culpables de existir, de no dar la talla. El pecado que les atenaza es estar vivos. Porque nadie les ha hecho ver que valen, que son un tesoro, que no son un problema, que no hay error que pueda destruir el regalo que son para sí mismos y para el mundo.

—Carmen, no me convences: el problema no es que se les haya querido poco, sino que se les ha querido demasiado.

—Juana, nunca se quiere a nadie demasiado. Y te aseguro que estos chicos se perciben a sí mismos como un error de la naturaleza, como un objeto incomprensible, como un juguete roto e inservible. Su verdadero problema es que nadie les ha ayudado a estimarse de verdad.

—¡Pero si son unos narcisistas!

—El narcisismo es una consecuencia. Son narcisistas porque para apartar la mirada del espejo, para dejar de buscar *likes* en redes sociales, para mirar a otra persona a la cara, para enamorarse... hay que estar en conformidad con uno mismo, dispuesto a entrar en la aventura de que lo es diferente. Y eso no se consigue a base de normas.

—Ahora va a resultar que son víctimas.

—No lo dudes. Han crecido en el miedo. Tienen miedo porque sus padres estaban y están aterrorizados.

—¿Miedo a qué?

—A la libertad, al vacío, al tedio, a los otros, al desafío de la realidad. Viven en un mundo en el que todo lo que puede ser una amenaza o no se entiende se «cancela». Se cancela a los machistas, a las feministas radicales —no es una cuestión de ideologías—, se cancelan las películas con esclavos, los libros con conquistadores, los cómics sin mujeres protagonistas. No se puede decir la palabra «gitano» o «negro» porque todo ofende. Llaman progreso o defensa de la tradición —ya digo que no es un problema de izquierdas o de derechas— a lo que es pura inseguridad. Nuestros chicos han crecido en un mundo obsesionado por construir «lugares seguros». Hablo de escuelas, universidades o centros profesionales donde se quiere amortiguar o reducir a cero el golpe que provoca relacionarse con lo diferente. Los padres viven en pequeñas comunidades sin horizonte. Es paradójico: por un lado se les priva de la seguridad que proporciona ser estimado de forma incondicional y, por otro, se les intenta ahorrar la «inseguridad» de un mundo que se considera demasiado agresivo.

—O sea que me das la razón.

—Sí y no —contestó Carmen—. Estamos ante una crisis de educación. Pero todo lo que tú dices es una consecuencia. Una buena educación es la que ayuda a que los jóvenes se lancen a la realidad y juzguen y asuman una posición crítica, utilizando criterios que llevan dentro. Criterios, esto te va a gustar, que son objetivos. Si no se les desafía para que juzguen, comparen y comprueben lo que sirve de ayuda en la vida, nunca madurarán. No confiamos en ellos. En el fondo creemos que están mal hechos. Y cuando, por fin, alguien les dice algo es para dictarles qué tienen que pensar, qué tienen que sentir. Y por eso son cada vez más débiles.

—Ya te lo he dicho: es la debilidad de carácter.

—Hablas mucho de decadencia y del hundimiento de la cultura pero no sacas todas las consecuencias de ese hundimiento. ¿No te das cuenta de que cuando domina la rabia y la violencia, cuando falta un mínimo aprecio por uno mismo, los argumentos no convencen y el invocar reglas que cumplir se acaba convirtiendo en una pretensión grotesca? Volvamos a Florence. Para la chica que fue Florence, las palabras que tú invocas eran ya hace años las de una lengua extraña, con una gramática y una sintaxis que le resultaban incomprensibles. Ni a Florence ni a los demás esa lengua les dice nada desde hace mucho tiempo. La lógica de nuestra querida cultura occidental, aunque sea verdadera, no les interesa. Cuando se pone en marcha una argumentación que quizás para ti tiene algún significado, las chicas que son como ella, que son como todas las chicas, escuchan el avance de un tren que se detiene en una vía muerta. El problema es precisamente que hemos convertido la educación en una serie de cursillos de normativa vial. Y el drama no se afronta.

—Pero ¿cómo puede ser todo esto una oportunidad? ¿Cómo puede ser algo útil el haber pasado por las drogas, por la anorexia, por las manos de muchos hombres?

—Es una desgracia, sin duda es una desgracia —respondió María—. Pero lo llamativo es que, cuando el barco se hunde, el grito de Florence es más nítido: «Somos todos unos hambrientos». No porque tengamos un trastorno de alimentación, sino porque desde el fondo de nuestro vacío nos damos cuenta de que sentimos un apetito insaciable. La vida había perdido sentido para Florence, pero cuanto más grande era la soledad, más hambrienta estaba de que alguien la amara de verdad y le permitiera ser ella misma. Florence buscaba a alguien que le dijera que su corazón podía seguir latiendo porque no se lo había tragado la tierra.

—Ese es otro problema y tiene una solución —contestó Juana—. La cultura occidental es también la cultura de la moderación. No se debe aspirar a mucho, los sabios lo dicen. La respuesta a toda la inquietud de la que hablas es como un pájaro que vuela y desaparece antes de que podamos echarle mano. Somos, entre dos oscuridades, un relámpago. Y el que poco ambiciona no sufre.

—Sería una bonita receta si pudiera aplicarse —insistió María—. Ni Florence, ni tú, ni yo nos conformamos. Se nos ha secado el alma, es verdad, pero no del todo, no hasta la aniquilación.

—¿Sabes? Cuando Ben vino el otro día, traía una revista en inglés dedicada a la economía y los negocios. Se la olvidó en el hotel y le eché un vistazo. Había un reportaje interesante. Entre los gerentes de las empresas tecnológicas se ha extendido un malestar que llaman la «enfermedad del infinito». Son hombres muy ricos, pueden permitirse casi todo. Pero el deseo, no solo el sexual, no se les acaba. Y por eso están enfermos. No saben que el deseo y la decepción viajan juntos. Nadie les ha enseñado, porque no tienen una formación humanista, a «gestionar la distancia» entre lo que se espera y lo que se puede conseguir, entre la espera y lo real, entre el placer y la realidad. Por eso alternan el sufrimiento con el tedio. Para solucionar esta falta de educación han proliferado los cursos que ayudan a rebajar los excesos del deseo. Si leyeran a algunos emperadores romanos que fueron filósofos, si conocieran el estoicismo, se ahorrarían mucho dinero.

—Esos cursos están condenados al fracaso —respondió con contundencia María—. La distancia no se puede gestionar. Eso es lo que ha entendido Florence después de haber pagado un precio mucho más caro que el de los cursos para directivos enfermos de infinito. Lo que ha comprendido Florence es que el infinito no es una enfermedad, la distancia no es una patología: es lo que nos hace ser lo que somos. El vacío no se puede vencer con un razonamiento, no se puede rellenar. La distancia no se puede acortar. Y diré más, como lo tiene rotundamente claro, Florence es más culta que nadie. Porque esto es la cultura: gritar con desgarro que uno está hambriento, saber que en eso consiste su grandeza.

—¿Es a eso a lo que llamas oportunidad?

—¡Exacto! Nada parece tener sentido, nada de lo que dábamos por sentado está donde estaba y, por eso, a través de una niebla cerrada, el hambre es una luz que nos guía. Caminamos entre brumas, sin la luz del sol. Pero para encontrar la fuente, solo la sed nos alumbra de noche.

El viaje no duró mucho. Y hubiese sido más corto si no me hubiese equivocado. Quería llegar a una alameda que hacía años que no visitaba. Recordaba que había que pasar por delante de una ermita pequeña de granito, luego seguir unos dos kilómetros y tomar un sendero de tierra que se abría a la derecha. Pensaba que no tenía pérdida. Pero pronto me di cuenta de que había más de un camino después de la capillita. Todos me parecían iguales. Quizás fuera porque el monte estaba muy cerrado y las encinas, las jaras, las zarzas y otros arbustos se apretaban formando una masa que nadie limpiaba. Al final localicé el sendero. Y entramos en un mundo misterioso. Primero atravesamos un túnel dorado, que se bifurcó y nos metió en un túnel rojo. Los árboles se abrieron y llegamos a una campa rodeada por unas rocas pardas que parecían haber sido lanzadas desde un aparato volador. Entre las piedras grandes corría un regato menguado por el estío que no había recuperado fuerza con las primeras lluvias. Cuatro o cinco álamos rubios acompañaban el sonido del agua como si quisieran imitarla. Crecían desordenados, sin podar. Las ramas se antojaban serpientes que luchaban por trepar hasta lo más alto del mástil. Antes de almorzar, se levantó un viento ligerísimo. Y los álamos hicieron bien su oficio, fueron maestros de la brisa. Nos alejamos unos metros del coche y abrí la bolsa de las provisiones sin poder olvidarme del precio que había pagado por ellas. Mientras comíamos, Juana fue la gran protagonista. Nos explicaba la diferencia entre los chopos blancos y los negros. Y le vinieron a la memoria los versos dedicados a un álamo que no podía quejarse de que las cosas que se van no vuelven nunca y todo el mundo lo sabe.

Cuando mi amiga terminó de hablar, escuché sorprendido una voz masculina. Era la mía. Me atreví a intervenir.

—Muchas veces he intentado ser como el chopo del poeta —confesé—. Me decía que tenía que aprender a no lamentarme, a conformarme con las cosas que se han ido. Habéis hablado mucho en las últimas semanas de la nostalgia. A veces tengo nostalgia del pasado, como Juana. Pero después de mañanas como la que hemos disfrutado hoy, caigo en la cuenta de que tengo nostalgia del pasado, sí, pero sobre todo tengo nostalgia de mí mismo.

—¿Qué quiere decir que tienes nostalgia de ti mismo? —preguntó Carmen.

—Es una nostalgia muy diferente a la que provoca lo que ha quedado atrás. Si es que puedo, María, seguir utilizando esta expresión después de todo lo que nos has explicado. Es una nostalgia de estar presente porque no acabo de estarlo, de ser más, de saber qué quiero decir cuando digo «yo», de saber qué es eso que hay en mí que parece que no soy yo y que sin embargo lleva mi nombre. Es una nostalgia que no comprendo, a la que no le doy voz porque le tengo miedo. Debería escucharla. Cuando dejo que me hable, me libro del combate que mantengo contra mis recuerdos, una lucha plagada de las mentiras de la memoria, de sus malicias y de mis errores. Una batalla que siempre pierdo y que me deja sin vida. Podría intentar conformarme. Imaginaos cuántos miles de millones de hombres han vivido en el mundo desde que el *homo sapiens* salió de un valle africano para dispersarse por el planeta. Murieron de enfermedades desconocidas, atravesados por una lanza en una batalla feroz, asesinados por amantes despechados, bajo grandes rocas desprendidas en una avalancha. Murieron quemados en la hoguera de la Inquisición, en un campo de exterminio, atravesando el desierto, o simplemente se acostaron en su lecho y no se despertaron. Nadie recuerda sus nombres. Nadie recuerda nada de ellos, de las envidias, los miedos, las lujurias, los amores, los placeres, los sueños que vivieron. ¿Cuánto ha durado su recuerdo? Ni ellos guardaban en la memoria, a los pocos años, el primer beso, el primer arrebato de ira, el estremecimiento que despertó un amanecer callado y milagroso. Si todo eso ya no está, si se ha perdido... ¿Es posible que realmente se haya perdido? Si se ha perdido, ¿por qué no debería yo conformarme con estar vivo mientras estoy vivo? El hecho es que no me conformo con el anonimato. La nostalgia de mí mismo es no aceptar ser un individuo indistinto, indiferenciado, con una fecha de caducidad muy breve. Cuando era pequeño me decían que no debía ser ingrato con la vida. Y en esa invitación hay mucha sabiduría. Hay momentos, pocos, en los que me doy cuenta de que soy hijo de una infinita improbabilidad. Es vertiginoso. No sé cómo se podrían calcular las probabilidades de que yo existiera o de que fuera otro (entonces yo ya no sería yo). Lo cierto es que era infinitamente improbable que surgiera el planeta Tierra, que naciera la vida orgánica de lo inorgánico, que la evolución haya hecho de los hombres lo que somos. Y es sorprendente que esa cadena de improbabilidades haya desembocado en mí. ¿Por qué entonces no me quedo tranquilo? ¿Por qué me sigo esperando a mí mismo? Aunque consiguiera rozar con mi imaginación el océano de hombres que han nacido, el océano de hombres que poblarán la historia, aunque pudiera escuchar el ruido que hizo el alma de cada uno al moverse, ni siquiera todo ese conocimiento, toda esa victoria sobre el olvido, me dejaría tranquilo. Me daría algo que no sería igual, pero sí parecido a lo que tengo ahora. Y no es suficiente.

—Estamos hambrientos, y eso es lo que queda en días como los que vivimos.

Enrojecí. Pensé que María estaba sugiriendo que el pícnic había sido escaso. La mala conciencia no es fácil de superar. Sentí un gran alivio al darme cuenta de que se refería a la canción de Florence.

Juana propuso coger el coche para buscar un sitio donde tomar un café y visitar alguna iglesia con historia. Pensé que si no estaba curada del todo poco le faltaba. No podía imaginar que vería caer la tarde y aun la puesta del sol bajo los maestros de la brisa.

Capítulo cinco
Esperamos incluso cuando no queremos esperar

No arrancó porque no podía arrancar. La batería estaba exhausta. El coche, a pesar de sus muchos años, apenas había visitado el taller. Llamé al seguro, estaba a terceros. Lo había pagado porque era obligatorio. Las tres mujeres esperaban que solucionara el problema sin que en sus gestos y sus palabras hubiese reproche. Creo que a Juana, en cierto modo, no le disgustó el percance porque así se alargaba la aventura. El teléfono me devolvía la voz de una joven a la que parecía importarle de verdad lo que me había sucedido. Me pidió los datos, la fecha de la última revisión, y me anunció que ya había dado aviso a una grúa y que mandaba un taxi para recogernos. Supuso que la avería no era fácil de resolver y que no podríamos volver con el coche a casa. El gruista confirmó que la batería no tenía remedio. Cuando llegó el taxista, nos hizo saber que solo podía transportar a tres viajeros. Nos ofreció llamar a un compañero, pero esa segunda carrera correría por nuestra cuenta porque los de la compañía no la pagaban. Juana pareció adivinar mis pensamientos.

—¿Y no podríamos ir dos de nosotros con este señor que conduce la grúa y que es tan amable? —dijo mi amiga—. ¿Usted cómo se llama?

El operario atendía al nombre de Martín. Vestía un mono rojo y tenía pinta de abuelo. Cuando lo miré con atención, pensé que era extraño que no se hubiera jubilado. Martín acababa de cumplir sesenta años. Nos dijo que si no teníamos prisa estaba encantado de darnos acomodo en el asiento delantero. María y Carmen se marcharon en el taxi. Y Juana y yo no quedamos viendo cómo Martín iba y venía para cargar el coche. No era rápido, y a menudo se detenía para contarnos su historia. Juana, en señal de agradecimiento, le había preguntado cuánto tiempo llevaba en el oficio. A Martín —los brazos tatuados, la mirada cansada, el andar premioso, el pelo blanco con reflejos amarillos— le bastó esa pregunta para contarnos parte de su vida. Había conseguido el trabajo hacía unos meses, después de pasar quince años en la cárcel. Una ONG, dedicada a acoger en pisos a los que recuperaban la libertad, le había dado un curso. Y uno de los voluntarios de la organización habló con un amigo suyo que, cosa rara, estaba dispuesto a olvidar el pasado de Martín y a contratarlo.

—He pagado toda la deuda que tenía con la justicia. Un día tras otro. Pero el peso de lo que hice sigue ahí —confesaba el gruista—. La quería solo si era mía. Sabía que tenía que irme lejos, pero no lo hice. Sabía que tenía que olvidarla. Pero cuanto más me decía ella que no, más loco me volvía. Al principio, antes de que las cosas se complicaran, la llevé a Venecia con unos ahorros que tenía guardados. Siempre había querido subir en una góndola, navegar por una ciudad inundada.

Cuando Juana escuchó que mencionaba Venecia dio un respingo y se le descompuso el gesto. A su cara se asomó una sombra que dominaba su alma. La reacción duró unos segundos, luego volvió a escuchar como si nada hubiera sucedido.

Martín no se dio cuenta y siguió con su relato. Cuando salieron del hotel y saltaron dentro de la barca larga y estrecha, les dio la risa y el gondolero les ofreció una rosa. Y los llevó por un canal y luego por muchos más. Había palacios. Pero a él no le gustaban. Olían mal, estaban abandonados y llenos de ratas. Y recordaba que entonces pensó en la muerte. Se abrió una contraventana a su paso. Vieron una breve luz antes de que se cerrase. Y no hubo más. No hicieron el amor, ella no quiso. A Martín le salió de dentro una violencia muy negra y presintió que algún día haría algo feo. Volvieron a España, a la habitación pequeña del piso pequeño que podían pagar. Y en esa habitación las palabras volaban arrojadas como piedras. Era —contaba Martín— una habitación como todas las habitaciones del mundo en las que cuesta que entre la luz. Ella gritaba. Sucedía a menudo. Salía el sol, le daba forma a la mañana, y él le secaba las lágrimas. En la habitación se insultaban y se herían. Sobre todo él la hería a ella. Había mucha pena y mucha soledad en aquella habitación pequeña. Ella empezó a tener miedo. Necesitaba amparo. Y él tenía claro que se había convertido en un canalla dispuesto a hacerle daño. Formulaba promesas que sabía que no iba a cumplir. Les cortaron el agua. En verano hacía demasiado calor y en invierno demasiado frío. La nevera estaba vacía. Y Martín le prometía —se había convertido en un mentiroso— que volvería a llevarla a Venecia. Pero no hubo más canales y sí muchos golpes.

—En la cárcel siempre quieres que sea mañana —añadió Martín—. Siempre estás deseando que pase la vida. Quieres dormir sin soñar, sin tener pesadillas, dormirte rápido. Pero rara vez sucede. Porque hay ruidos, porque tienes que estar alerta, porque te acuerdas de lo que has hecho. Soñaba siempre que estaba en un entierro en el mar, a bordo de un barco. Después de una breve oración, los marineros lanzaban el cadáver por la borda envuelto en un sudario. Primero intentas no pensar en lo que has hecho, luego lo justificas y, al final, reconoces que fue una monstruosidad. Piensas una y otra vez en el sufrimiento que has causado. Pero no se lo puedes contar a nadie. No le puedes contar a nadie el asco y la vergüenza que sientes al decir tu nombre. Sales al patio. Los patios de las cárceles en las que he estado son como mercadillos de una vida que no puede ser. Te juntas con otros presos, pones cuerdas en las esquinas, cuelgas tu ropa para marcar territorio. Te metes algo si ha habido suerte. Te gastas en la tienda del patio unas monedas que has ganado en el taller ocupacional. Está ahí para hacerte la ilusión de que eres libre. Te apuntas a un equipo de baloncesto que organiza un voluntario para no darle tantas vueltas a la cabeza. Luego te cansas y lo dejas. Empiezas a estudiar y lo dejas. Todo acaba cansando. Te peleas por un plátano. Te acuestas y siempre quieres que sea mañana. Y sigues fracasando y el día siguiente es igual a los anteriores. ¿Y sabéis qué? —preguntó para asegurarse de que le escuchábamos.

—Tú dirás.

—Hay algo extraño. Lo normal hubiera sido rendirse. Yo quería rendirme. Olvidarme y no seguir esperando que alguien me quisiera. Era de locos. Había hecho cosas que no se pagan ni con mil años de cárcel, ¡pero aún esperaba que me quisieran! Era demasiado tarde, pero no era demasiado tarde.

Con su sueldo, Martín se pagaba ahora una habitación que también era pequeña. Le gustaba levantarse muy temprano y mirar por la ventana hasta que clarease el día. A veces la espera se le hacía larga, pero disfrutaba con la certeza de saber que el día terminaría por llegar. Era como si, en el prolongado rato en el que todo estaba oscuro, aguardar le trajese ya un alba discreta y al tiempo rotunda.

—Pero en esas horas también me viene el miedo —añadió.

—¿Miedo a qué? —le preguntamos.

—Miedo a ver acercarse un coche de policía, a que me llamen del trabajo para cambiarme el turno, a que me citen de la cárcel para decirme que se han equivocado y que tengo que volver, miedo a querer a alguien y hacer daño otra vez, miedo a llegar tarde y a llegar antes que nadie, a que la gente me mire por la calle y sepa lo que hice, miedo a que alguien intente convencerme de algo, de que estoy enfermo y tengo que ir al psiquiatra porque pienso que no es demasiado tarde.

Martín acababa de enterrar a su padre. La última vez que la había visto con vida estaba en la cocina de su casa con una mujer que no era su última mujer. Fue al hospital y allí levantaron una sábana. Querían que lo reconociera. Era él pero ya no era él. Y sobre una mesa estaba su cartera. Todo rastro de vida había desaparecido de ella. Estaba sucia, vieja. Pero era la cartera de su padre.

—¡Y fíjate qué estupidez! Aquella cartera me hizo darme cuenta de que seguía esperando que mi padre me quisiera. Soy un hombre perseguido por un deseo que es como una candela que no se apaga nunca —concluyó Martín cuando llegamos a las puertas del balneario.

Le dimos las gracias. Me despedí de Juana y subí en el autobús. Pensé que en un mundo que se ha derrumbado, la nostalgia de uno mismo, el deseo de ser querido, ruge con especial fuerza. Se había hecho de noche. Por descuido ocupé uno de los asientos reservados para las embarazadas y los viejos. A través de la gran ventanilla se veían los intermitentes de los coches cuando giraban. Pensé en el mío, que ya habría llegado al taller. Allí estaban estos otros, con la batería bien cargada, con sus luces que se apagaban del todo cuando el conductor terminaba de girar. Unas duraban más, otras menos, pero a todas se las comía la oscuridad. Miré los rostros de los otros viajeros del autobús. Éramos intermitencias, leves guiños que caminábamos hacia la sombra. Ahora se nos ha olvidado, pero durante los meses duros de la pandemia, todos hablábamos de estas cosas, de las cosas de las que no se habla nunca. De esa angustia que te entra cuando no estás distraído. Me acordé de la zozobra que daba pensar que un bicho invisible decidiera si seguíamos vivos.

Al pasar por delante de uno de los grandes hospitales de la ciudad, recordé aquellos días y pensé en las mascarillas. Y también en los guantes. Un día salí a la calle, todavía estaba casi desierta, y por todas partes había guantes de látex abandonados sobre el asfalto gris después de haber sido usados. En algunos casos, el plástico en el que estuvieron enfundados los dedos hacía formas. Me parecía adivinar gestos: palmas extendidas que todavía saludaban, un meñique levantado en señal de complicidad, una mano suplicante dentro de un guante abandonado. Esos guantes se me antojaron el reflejo de una gran derrota. Eran retratos de la tensión, del dolor, quizás de la súplica, pero sobre todo de cómo habíamos sido vencidos. Esos guantes habían tenido dentro de sí el gesto de unas manos. En realidad, bien pensado, en el gesto de una mano está todo.

Al ver la puerta del hospital me acordé del primer optimismo. Al inicio de la pandemia pensábamos que un poco de esfuerzo y un poco de sacrificio bastaban para superar los efectos del virus. Nos decíamos que no era para tanto, que otras generaciones anteriores a la nuestra habían pasado por circunstancias mucho más duras. El problema era sencillo: éramos demasiado blandos, estábamos acostumbrados a un grado de confort que nos había convertido en personas especialmente vulnerables. Recordé cómo buscábamos en el agradecimiento y en los aplausos a los médicos y los enfermeros el consuelo de saber que alguien estaba a la altura con su heroísmo. Hacía la compra y le traía a la vecina del quinto un cartón de leche, trescientos gramos de jamón y una barra de pan. Le dejaba la bolsa en la puerta. Y ese pequeño gesto me daba un breve respiro. Creía que estábamos en la misma barca, que nos teníamos los unos a los otros. Todo se había hundido pero en el naufragio podía sentirme orgulloso de los camioneros y las cajeras de supermercado, que arriesgando la vida nos daban de comer. Me sentía orgulloso de haberle hecho la compra a quien no podía salir de casa. Pero eso duró poco.

La mayor parte del tiempo, encerrado en casa, era prisionero de pensamientos que volvían una y otra vez, de una ansiedad que me oprimía el pecho, de un insomnio obstinado. Me daba instrucciones para relajarme: «Haz respiraciones abdominales, inspira de forma lenta y profunda por la nariz, espira por la boca utilizando el diafragma. Aumenta la cantidad de oxígeno en sangre, disminuye la presión arterial y la frecuencia cardiaca, reduce la tensión muscular. En saber respirar está la receta de la felicidad». La radio emitía canciones que decían que todo iría bien.

Y los locutores y los políticos hacían llamamientos para que fuéramos «resilientes». ¡Qué palabra! Nunca como en esos meses vi con tanta claridad que el optimismo era de estúpidos. Intentaba convencerme de que se había producido un pequeño o un gran desorden pero que todo acabaría por volver a su sitio. Los mismos que querían negar la tragedia nos daban las cifras de muertos. Lo recordamos todos: no podíamos visitar los hospitales, nos despedíamos por teléfono de nuestros padres y no nos dejaban asistir a los entierros. Habíamos construido un paraíso y un bicho invisible lo había destruido. No había distracción posible. Me mordía un sufrimiento que no había conocido hasta ese momento. Parecía un perro rabioso. Era insistente, como una bestia que no suelta su presa y le hunde los dientes hasta el hueso, hasta el tuétano. Navegaba sobre una gran ola de nada. No la nada divertida, de la conversación y el sexo fácil, de un par de *gin-tonics* y una tarde de risas que nadie recuerda. No, esta era una ola de nada negra, como si alguien hubiese lanzado al aire el contenido de un inmenso tintero y las sombras del desaliento y la desesperanza lo cubrieran todo. No sabíamos si habría vacunas y cuánto tiempo tardarían en llegar. Lo sorprendente es que, en ese momento en el que todas las señales indicaban que el hundimiento era definitivo, tuviese una extraña expectativa. Una expectativa incoherente, poco juiciosa. Lo prudente hubiera sido —como Martín en la cárcel— rendirse, entregarse a las manos crueles de un destino adverso y hacerlo sin oponer resistencia.

Era infantil pensar que se me debía una vida mejor. Si para algo había sido elegido era para el dolor, y lo único que podía hacer era mantener la compostura, dar muestras de nobleza, no hacer mucho ruido después de haber sido golpeado, no vagar por el mundo empeñado en mendigar el auxilio de unos brazos que no podían aparecer para darme apoyo. La tormenta me había dejado en una playa desierta y fría. Pero lo sorprendente es que cuanto menos podía distraerme, cuanto más absurdo se me antojaba el optimismo, con más fuerza aparecía eso que había llamado la nostalgia de mí mismo. En la pandemia rugía en mí la espera de mí mismo de un modo que resultaba muy incómodo. Era la espera de otra cosa que me hiciera ser yo y ser otro; ser otro que estuviese más contento, que comprendiera mejor el mundo, que tuviera una satisfacción sencilla, como la de un rayo de sol en una mañana fría, y después otra no tan simple, y después otra y otra y otra, y que ese solo fuera el principio, el prólogo de satisfacciones más sofisticadas, como la que daría estar acompañado por una persona inteligente y poderosa, que me estimara tanto que me hiciera descubrir los rincones misteriosos que hay en mí y que yo no conocía... Era la espera de un presente sin vacío que me permitiera mirar las cosas de forma atenta para disfrutarlas sin estar pensando en lo que ya había hecho y en lo que me quedaba por hacer, la espera de una satisfacción que no me llevara a ser cruel conmigo mismo, la que daría vivir en un país desconocido lleno de gentes sorprendentes como salidas de una página lejana de la historia, o ser admirado por una mujer bella e inteligente que creyera haber encontrado en mí un genio... Era la espera de eso y de mucho más. Pero al mismo tiempo era esta espera irracional la que me hacía, encerrado entre cuatro paredes durante la pandemia, la que me hace, en este viaje de parpadeos fugaces, apreciarme por lo que soy. A pesar de todo, apreciarme. Soy una nostalgia de mí mismo a la que no puedo poner nombre.

Mientras daba vueltas a estos extraños pensamientos, el autobús llegó a la parada más cercana a mi casa. Y me di cuenta de que todo lo que me había reconocido a mí mismo al volver de aquella accidentada excursión se lo había estado contando a Juana. Una Juana imaginada que, desde el hotel, me había acompañado en el trayecto de vuelta.

Capítulo seis
Progreso eres tú

Juana, ella sola, había devorado ya dos cestos de patatas fritas. Y me pareció que buscaba con los ojos al camarero para pedirle un tercero. Desde nuestra accidentada excursión, mi amiga había querido organizar nuevas salidas al campo, paseos por la ribera del río, visitas a ferias de algunos pueblos cercanos. Quería disfrutar de la compañía del extraño grupo que formábamos. Pero el otoño de pronto se puso frío y, después de compartir algunos ratos al aire libre, acabamos refugiados en el salón del Círculo de la Hermandad, muy diferente al salón del viejo balneario. El Círculo de la Hermandad era una institución con mucha solera en nuestra ciudad, y de vez en cuando organizaba alguna actividad cultural. No había otra. Así que bastaba decir «El Círculo» para que todo el mundo supiera de qué se estaba hablando. En los últimos años se había renovado y en la zona donde antes se daban bailes había ahora suelos enmoquetados, sofás, mesas y un servicio de cafetería tolerante con los visitantes que pasaban largas horas sin consumir mucho. La decoración la había diseñado un interiorista famoso y vanguardista. Un pianista amenizaba las tardes tocando temas conocidos. El salón se abría a través de un gran ventanal a un parque en el que jugaban algunos niños muy abrigados y vigilados de cerca por sus padres. Nos habíamos trasladado al Círculo para reunirnos porque quería que Carmen estuviese presente en nuestras conversaciones. Y aunque en el balneario eran tolerantes con los empleados, no podían tener a su mejor enfermera, durante su horario de trabajo, entregada a una amena y familiar plática. Así que Juana esperaba a que Carmen tuviera la tarde libre para citarnos «a tomar el té». Ninguno era devoto de las infusiones, así que consumíamos agua con gas y alguna que otra cerveza, y los días en los que nos sentíamos más atrevidos, un cóctel poco cargado. El rostro de Juana se iluminaba cuando un elegante camarero vestido de blanco nos traía un cesto de patatas fritas. Si las bebidas venían acompañadas de aceitunas no dudaba en pedirle que cambiase el aperitivo. Esperaba a que se diera la vuelta y entonces, sin brusquedad, pero sí con un ansia contenida, utilizaba los dedos pulgar e índice como pinzas para coger las patatas. Era un gesto muy preciso que no pretendía evitar que el resto de la mano se manchara. Su propósito era que ni un solo gramo de sal, ni un solo átomo de aceite, acabara en otro sitio que no fuera su boca. No la abría mucho, pero cuando la patata llegaba a sus dientes la masticaba con intensidad y le proporcionaba un placer del que daba testimonio la pícara luz que se encendía en sus ojos. Juana buscaba en las láminas delgadas y ondulantes, en el sabor, en el olor, en el sonido de los pequeños crujidos, buscaba, digo, compañía, buscaba una novedad excitante, y consuelo, buscaba la sensación de haber vuelto a un periodo de su existencia en el que todo estaba en su sitio. El hambre de patatas fritas de Juana era hambre de vida.

La conversación aquella tarde la comenzó mi amiga planteándoles una pregunta a María y a Carmen.

—Vosotras decís que no hay que dejarse dominar por el miedo ante un tiempo difícil en el que los hijos no reconocen la tradición de los padres. No hay un solo asidero estable y todo está destruido. Es imposible no quedar paralizados por el temor.

La pinza formada por el pulgar y el índice hizo su trabajo. Se escuchó un chasquido ondulado. Mientras Juana daba buena cuenta de la ambrosía salada, detrás del cristal un padre intentaba que su hijo se lanzara por un tobogán para niños mayores. La criatura se resistía.

—Conseguir que desaparezca por completo la aprensión que nos producen los muchos peligros a los que tenemos que enfrentarnos me parece imposible —apuntó Carmen—. Pero incluso el miedo tiene algo de positivo: nos baja los humos. A menudo somos pretenciosos, creemos que si tenemos la información adecuada se eliminan los riesgos. Pensamos que es suficiente interpretar con inteligencia los datos disponibles y ejecutar con energía lo que nos sugieren. Es una actitud estúpida. Da por supuesto que podemos predecir lo que va a suceder porque sabemos las causas que provocan los acontecimientos. Como si las adversidades no nos fueran a alcanzar. Como si lo que no se ha pensado, lo que no se ha previsto, lo que no se ha imaginado, no pudiera suceder. Sobre todo es de tontos convencerse de que basta con tener las ideas claras para evitar el daño, como si la condición de nuestra voluntad no fuera frágil y quebradiza.

—No podemos quitarle importancia al valor que tiene una buena información para vencer el miedo —respondió María—. Estos días, por casualidad, he escuchado en un pódcast la historia de lo que sucedió en el pequeño pueblo de Mattoon, en Illinois, en 1944. Me llamó la atención porque tiene mucho que ver con el presente. Aquel verano, varias mujeres dijeron haber percibido un olor dulzón durante la noche. Algunas de ellas se habían mareado, y después a unas se les paralizó un brazo, a otras una mano o una pierna. El marido de una de las mujeres afectadas dijo haber visto a una persona alta, vestida con ropa oscura, atravesando su jardín. El *Daily Journal Gazette*, el periódico local, publicó un reportaje en el que se contaba que un «gaseador» había entrado de noche en algunas casas de Mattoon. La policía empezó entonces a recibir denuncias de ataques protagonizados por el misterioso personaje. El FBI mandó a sus agentes. Antes de pronunciarse sobre lo que estaba ocurriendo, su sola presencia convenció a los vecinos de que alemanes y japoneses habían conseguido entrar en la localidad para realizar experimentos militares con nuevas armas químicas. No había modo de que se calmasen, por más razonamientos que hicieron las autoridades. Estaban seguros de que los enemigos de su país eran los responsables de las parálisis. La Segunda Guerra Mundial no había terminado y ninguna evidencia deshizo su prejuicio.

—María, esta historia confirma lo que estaba diciendo. No basta con tener las ideas claras para superar el miedo —aseguró Carmen—. Es verdad que en un primer momento los vecinos estuvieron desinformados por periodistas irresponsables. Pero luego, cuando llegó la información veraz, ya era inútil porque no querían darle crédito. Eran presas del pánico, estaban bloqueados, y decidieron, sin ser del todo conscientes, que era más fiable una noticia que confirmara su miedo que otra que lo desmintiera. Los vecinos de Mattoon, salvando las distancias, reaccionaron del mismo modo que los enfermos que sufren de kinesiofobia. Es un mal que afecta a los pacientes con dolor crónico. Son personas que tienen miedo a moverse, porque creen saber ya cuál va a ser la reacción, lo que les va a provocar cambiar de postura e intentan evitarlo. Piensan que pueden predecir qué les va a ocurrir y eso hace que experimenten más dolor del que sufrirían en otras condiciones. Solemos pensar que el miedo lo genera una situación desconocida. Pero, en este caso, se debe a que el paciente está convencido de que sabe a qué se enfrenta, y que todo o casi todo va a ir mal. Las consecuencias son nefastas: la falta de actividad física es mala porque provoca debilidad muscular, rigidez en las articulaciones y otros problemas. Para superar la kinesiofobia es necesario que el terapeuta se gane la confianza del enfermo prestándole mucho apoyo emocional.

El padre del parque había conseguido que su hijo subiera por las escaleras del tobogán pero, por más razones que le daba, no pudo evitar que volviera a bajarse. Juana, por el momento, se contenía y no llamaba al camarero.

—Insisto, Carmen, el miedo se vence en gran medida luchando contra los bulos y los prejuicios —respondió María—. Pongamos otro ejemplo. Muchos estamos encogidos porque pensamos que vivimos en el peor momento de la historia, el más violento. De esto ya hemos hablado. Podemos pensar que sufrimos inmersos en una pesadilla de crímenes, de actos terroristas, de genocidios, de guerras. Podemos pensar que los hombres somos violentos por naturaleza o que la vida en sociedad nos ha hecho violentos. Creemos saber lo que nos va a suceder, como los enfermos de kinesiofobia, y que estamos expuestos a una probable muerte violenta porque la televisión nos ha hecho ver centenares, miles de muertes violentas. Casi no hemos visto personas que fallezcan tranquilas en la cama de un hospital o en su casa. El progreso nos ha hecho pensar que la pena capital ejecutada con una inyección letal o un crimen por razón de raza es una atrocidad. Pero en otras épocas de la historia la pena capital era habitual. La cruz era un instrumento de tortura frecuente en el mundo antiguo. Se aceptaba la costumbre de azotar a un niño inocente hasta casi causarle la muerte por el capricho de un adulto. La pederastia estaba tolerada. Los datos están ahí. A partir de los siglos XVII y XVIII se luchó contra el despotismo, la esclavitud, los duelos, la tortura judicial, el castigo sádico, la crueldad con los animales. Después de los horrores de las dos guerras mundiales, se ha producido una larga paz y se ha desarrollado una gran sensibilidad para proteger a las minorías, a los niños, a las mujeres. Hablando de mujeres: tenemos que reivindicar que nuestro protagonismo ha contribuido al desarrollo de culturas más pacíficas.

—María, yo sería cauta con esos datos y con las generalizaciones —apuntó Carmen—. La violencia es un fenómeno muy complicado, no se puede medir con estudios estadísticos como los que se utilizan para saber si han bajado o subido los precios.

—Te doy más datos: la expectativa de vida a mitad del siglo XVIII era de treinta y cinco años y ahora es de setenta y dos, gracias sobre todo al descenso de la mortalidad infantil; los antibióticos y las vacunas han salvado miles de millones de vidas; el porcentaje de personas malnutridas era del cincuenta por ciento en 1947 y hoy es del trece por ciento. A mediados del siglo XIX se necesitaban veinticinco hombres a jornada completa para cosechar y trillar una tonelada de grano, y ahora puede hacerlo una sola persona en seis minutos manejando una cosechadora. El pesimismo, el miedo, tiene mucho que ver con cierta deformación sentimental, con el derrotismo, con una minusvaloración de qué hemos conseguido.

—No podemos vencer el miedo con estadísticas que acrediten el progreso. Están basadas en referencias que empezaron a recogerse hace poco tiempo. Con esas cifras se puede decir casi cualquier cosa, en función de los datos que utilices y la interpretación que hagas de ellos. Habría que hablar de la desigualdad, de la salud del planeta, de muchas cosas... El progreso no solo se mide en términos materiales, también se mide en términos de salud mental, de ansiedad, de falta o de presencia de sentido. El crecimiento económico, el incremento del salario, el tener un médico, un autobús, un hospital, un colegio o una universidad a mano no aumenta la sensación de satisfacción cuando ya se han cubierto las necesidades básicas.

—¿No crees que el progreso nos quita el miedo?

—No —negó Carmen—. La idea de progreso se parece mucho a los viejos dioses que exigían sacrificios para conceder sus dones. El progreso, que existe, no voy a negar que exista, siempre es desigual. Avanza con dificultad, cuando avanza, si hablamos de ciencia y de tecnología. En esos campos los adelantos se acumulan, aunque no por eso mejoran necesariamente la vida. Las armas nucleares han sido el resultado de un salto adelante de la física, pero no han hecho del mundo un lugar más habitable. El asunto es más claro cuando hablamos de política, de vida social, de relación entre las personas, de las seguridades que pueden acompañar la existencia, de compasión... En ese caso no hay acumulación, y, desde luego, no hay progreso continuo. En las cosas del alma hay que volver a rescatar una y otra vez lo conquistado. Supongamos, de todos modos, que efectivamente el mundo sea menos violento, ¿le quita eso a un palestino o un israelí el miedo a morir bajo las bombas o ser asesinado por un acto terrorista?

Carmen, para ponernos otro ejemplo, quiso comparar la vida de un personaje de ficción, que construyó sobre la marcha utilizando datos históricos, con la vida de un personaje real.

—Pensemos en dos mujeres. La primera es una mujer negra que habría vivido en 1850 en Virginia, uno de los estados esclavistas de Estados Unidos. Y la otra es Coretta Scott King, la esposa de Martin Luther King. La esclava, a la que llamaremos Laila, llevaba una existencia miserable y muy insegura. La vendieron en un mercado como mercancía, la separaron de su familia, la explotaron en los campos de tabaco bajo un sol abrasador. Decidió escapar hacia los estados del Norte. Se fugó con el miedo a que se le aplicase la Ley de Esclavos Fugitivos, una ley que permitía que la persiguieran utilizando perros muy agresivos. Así fue la vida de muchas mujeres negras en ese momento. Coretta tampoco lo tuvo fácil. Durante los años de la Gran Depresión, siendo niña, recogió algodón para ayudar a su familia. Pero el progreso la había convertido en una mujer libre, pudo asistir a una universidad donde ya convivían negros y blancos. En abril de 1968, ya sabes, mataron a su marido en Memphis. Coretta siguió luchando en favor de los derechos civiles de los negros, pero el progreso no hizo que pasara menos miedo que Laila. Todo el progreso que ya ha llegado, que se ha convertido en pasado, y el que llegará, el que todavía está en el futuro, no nos quita el miedo.

Juana, que había estado toda la tarde en silencio, tomó la palabra con una timidez que no supe si era sincera o impostada.

—El gruista que nos trajo de vuelta hace unas semanas nos contó la historia de su vida. Martín, se llama Martín, en su día hizo mucho daño y ahora vive solo. Nos hizo una lista de las cosas a las que tiene miedo. Mientras lo escuchaba, yo iba añadiendo mis propios temores: a que los días sean todos iguales, a ver en una carta la letra de alguien a quien quise, a que descubran que soy una impostora, que no soy quien parece que soy, a quedarme en la calle, al dolor de una pierna, o de una muela, a no tener energía para convivir con el sufrimiento que provoca una traición, a quedarme para el resto de mi vida en una silla de ruedas... Pero mientras escuchaba a Martín, pensaba que lo que me genera angustia es mucho más concreto: es el pensamiento, por ejemplo, de que Carmen pueda dejar de trabajar en el balneario. Mi miedo ahora es el de perderos.

Carmen, María y yo bajamos la cabeza y nuestras manos quisieron entretenerse en tareas inútiles: alisar la servilleta de papel que había junto al vaso de agua mineral, hacer subir y bajar el anillo del dedo anular, frotarnos la palma izquierda como si fuera necesario que el pulgar repasara con atención la línea de la vida. Pasaban largos y lentos los segundos y no había manera de salir del estado de parálisis emotiva en el que nos había dejado la falta de pudor de Juana.

—No solo estimo vuestra delicada e inteligente compañía, la confianza que me inspiráis —añadió ella—. Lo que más estimo es la intuición de que si algo me pasara, en realidad ya me pasa lo que ya me pasa, me refiero a este dolor, a esta enfermedad del alma que ya conocéis... Lo que más valoro, decía, es la seguridad de que dentro de esta aflicción y este abatimiento tengo el sonido de vuestras palabras y vuestros gestos, de vuestras razones que no están escritas en el agua y se van haciendo mías, y que impiden que desde que os conozco acepte vivir derrotada y que, por eso, tenga un hilo de energía para no entregarme sin luchar a ese naufragio en el que me ahogo desde hace siglos. Vosotros no me quitáis el miedo, lo que ocurre es que vuestras razones pueden estar dentro de mi miedo. Despertáis en mí la curiosidad, sembráis una duda en mi convicción de que todo va a ser como siempre ha sido. Por eso creo que sois mis amigos.

Tras esta nueva confesión buscamos otro objeto en el que posar nuestras miradas. Y los tres, sin ponernos de acuerdo, las lanzamos hacia el parque que había detrás del gran ventanal. En ese instante el niño que se había negado a tirarse por el tobogán superaba sus temores. El padre lo esperaba agachado con un brazo a cada lado de la gran lengua del columpio. La criatura intentó frenar con los pies la velocidad que iba cogiendo su cuerpo mientras se deslizaba. Por fin se le asomó una sonrisa cuando llegó al final. Juana, que estaba de espaldas, se volvió. Había intuido qué había sucedido por cómo se había reflejado en nuestras caras.

Carmen nos contó entonces que acababa de leer un *paper* de un centro de la Universidad de Harvard dedicado al desarrollo de los niños. Los autores habían investigado el miedo en los más pequeños. Al nacer, según los estudiosos, no conocemos el miedo. Llega entre los seis y los doce meses, en ese periodo es cuando se distingue de otros sentimientos. Entre los nueve y los diez meses es habitual que los bebés experimenten ansiedad ante un adulto que no les resulta familiar. El desarrollo de la imaginación es otro momento decisivo: les hace pensar, por ejemplo, que hay monstruos escondidos en la oscuridad. Tienen que aprender a distinguir qué es real y qué no lo es. Toda esa maduración se produce de un modo natural en la relación con los padres y otros adultos. Pero si las estructuras profundas del cerebro del niño, la amígdala y el hipocampo, detectan de forma constante relaciones con adultos o situaciones que son estresantes, su desarrollo se ve dañado. Y pueden verse afectadas las habilidades para seguir y modificar planes, centrar la atención, controlarse, así como la capacidad de retener e incorporar nueva información.

—O sea que a ti lo que te gustaría es estar destinada en una maternidad y coger a los bebés en brazos —apostilló Juana.

—Esa es otra historia —replicó Carmen—. El caso es que los bebés y los niños necesitan sentirse protegidos, acogidos, calmados, queridos, cuidados, por eso los brazos son perfectos, incluso para regular la temperatura de su cuerpo. Un niño llora porque necesita algo. No haces de él una persona autónoma privándole del contacto físico, no hay emancipación sin la experiencia de haber sido cuidado. A los seis años la cosa cambia porque ya se ha creado un vínculo que lleva dentro.

El pianista tocaba en ese momento una melodía que recordaba haber oído en una caja de música que había en casa de mis abuelos. Al terminar, me dijo que él mismo había hecho algunos arreglos en la nana del *Oratorio de Navidad* de Bach.

Capítulo siete
Hay razones y presencias a las que no derrumba el miedo

María estaba entusiasmada. Había visitado días antes un centro en el que se podían ver de cerca manadas de lobos ibéricos en semilibertad y quería volver y que la acompañáramos. Juana, Carmen y yo no mostramos mucho interés. La idea de pasar una noche fuera de casa me generaba inquietud. Tendríamos que usar mi coche y no descartaba la posibilidad de regresar a casa, otra vez, a lomos de la grúa de Martín o de uno de sus compañeros que hubiera por la zona. Nuestra frialdad no apagó la pasión de María, que nos explicaba cómo desde unos observatorios de madera y piedra se podía espiar a los animales sin ser vistos. Durante la primera hora de avistamiento, solo había intuido la presencia de unas sombras de canela y hollín que andaban como a saltos debajo de unos pinos lejanos. Pero cuando llegó la hora de la comida y uno de los cuidadores, bien protegido, dejó trozos de carne ensangrentada junto a una roca parda, los lobos abandonaron la clandestinidad. Los que de lejos parecían perros flacos, de cerca mostraban un cuello poderoso y una fiereza antigua mientras hundían los colmillos en el alimento. Se disputaban el mejor bocado y les asomaba un alma pendenciera y violenta. María confesaba que se quedó atónita cuando vio el respeto que profesaban todos al macho dominante. Ninguno de los otros, menos aún las hembras, se atrevían a acercarse a su almuerzo antes de que él les diera permiso. Los demás lobos iban y venían, parecían bailar, esperando que el jefe acabase.

—Se hubieran dejado morir de hambre antes que disputarle la comida al líder —explicaba María.

Nos habíamos acomodado en el salón del Círculo, donde ya nos conocían. Ese día el pianista había tenido un percance doméstico y lo había sustituido un hilo musical que derramaba sin entusiasmo piezas de *jazz*. Era algo más tarde que de costumbre y detrás del gran ventanal no se veía el parque donde los niños jugaban. Se había echado la noche y la oscuridad había convertido el cristal en un espejo. Me vi reflejado mientras daba un trago a un negroni. Estaba satisfecho de haberme atrevido con algo fuerte, aunque le había pedido al camarero que redujera la porción de ginebra. Juana y yo nos disputábamos sin reparos los aperitivos. Y eso me producía una gran alegría porque se me antojaba que el espacio delimitado de forma invisible por nuestras manos y el cesto de patatas fritas era un lugar íntimo, un lugar de goce compartido en el que había desaparecido cualquier tipo de pudor.

—Tendríais que verlo: los lobos vigilan a distancia todos los movimientos del macho dominante y lo imitan. Él dicta qué debe hacer la manada, si se ataca o hay que huir. Todos le obedecen. El grupo está cohesionado.

—Es una manera de superar el miedo —comentó Juana con ánimo de provocar—. Todos saben qué hay que hacer y cómo enfrentarse al peligro. Podríamos aprender de ellos.

Carmen reaccionó escandalizada:

—¡Juana, esa no es una fórmula para vencer el miedo! Es precisamente una forma de defensa y de ataque basada en el temor. ¿No lo dirás en serio?

—No, no lo digo en serio. Pero el miedo y la sensación de inseguridad provienen de la falta de orden. Por eso he hablado en otras ocasiones del pánico que produce la desaparición de la cultura occidental. Si yo tengo unas reglas claras, si todo el mundo tiene unas reglas claras y alguien hace que se cumplan, los otros dejan de ser una amenaza.

—¿Tú crees que las normas son suficientes para vencer el miedo? —preguntó Carmen—. Incluso cuando las ordenanzas no dejan lugar a duda, ese miedo no desaparece. Su origen está en nosotros mismos, no en los otros. También esto ya lo hemos hablado en otro momento.

—Carmen, tienes que admitir que el asunto es complejo —intervino María.

Cuando María hacía un comentario de este tipo, todos sabíamos que necesitaba tiempo para explicarse. Escuché sus primeras frases mientras contemplaba mi reflejo en el ventanal con el negroni en la mano. Me sentí torpe. Nunca había sabido cuál era la postura más natural cuando se bebe un combinado. Al mirarme, me di cuenta de que podía ver mi imagen en el cristal pero no podía ver la mirada con la que me veía a mí mismo. Pensé: «Puedes escuchar tus pasos, tus gritos, tus susurros. Puedes olerte». Acababa de comerme una patata y me había chupado los dedos, así que, una vez más, sabía cuál era el sabor y el tacto de mi piel. «Pero tu propia vista no la puedes ver. Si acaso ves tus ojos, pero no son tu vista», me dije.

—El miedo que provoca la inseguridad es algo malo —argumentaba María—. Por eso, desde que vivíamos en las cavernas, hemos tenido tabúes y normas. No me puedes negar que si se cumplen las leyes, si respetamos la libertad de los demás y respetan la nuestra, si el Estado garantiza que cada uno tiene el derecho a definir su propio modo de entender la existencia, el significado del universo y el misterio de la vida humana... no me puedes negar que cuando sucede todo eso estamos más tranquilos. Y si a las leyes le añadimos el autocontrol, mejor. Si luchamos contra nuestros instintos, contra una ambición sin límites, contra la avaricia, contra la vanidad, contra las fuerzas que nos hacen faltarle al respeto a los demás, si hacemos todo eso, dejamos de infundir temor en los otros. A menudo hacemos con repugnancia lo que nos dicta el deber. Y eso no es necesariamente malo.

—¡Claro! —contestó Carmen—. Pero lo que digo es que cumplir la ley no es suficiente. Y es verdad que hacer lo que debemos, cuando tenemos energía para hacerlo, nos permite tratar a los demás con respeto, no hacer daño. Así se evitan males mayores. Si en la Europa continental se circula por la derecha, si no hay irresponsables que se salten los semáforos, si no se roba, si no se viola, si se pagan los impuestos, si se paga la entrada en el cine y el billete en el autobús, si se respetan los contratos, la vida es menos peligrosa. Pero, insisto, eso no es suficiente. Nos han hecho creer que somos individuos que andamos en el mundo sueltos, sin vínculos, y que la máxima felicidad es que cada uno pueda hacer lo que le guste dentro de la ley. A veces, para engañarnos, nos decimos que la suma de acciones egoístas genera riqueza y nos alcanza una armonía no buscada. ¿Cómo has dicho antes? Cada uno tiene el derecho a definir su propio modo de entender la existencia...

—... el significado del universo y el misterio de la vida humana.

—Exacto —asintió Carmen—. Esa libertad nos permite elegir nuestra ideología, el modo de ver el mundo y de sentirlo. Cada uno decide dentro de la ley. El problema es que, a menudo, esa elección es, sobre todo, la elección de un rival. Muchas veces nuestro modo de estar en el mundo está definido por qué y a quién nos oponemos. Para elegir quiénes somos, lo único que hacemos es definir quién es «nuestro enemigo». El mundo se divide entre los de nuestra religión, nuestra cultura, nuestro partido, y los otros. Y así nos perdemos muchas cosas.

—Llevas razón, Carmen, vivimos en un mundo de fronteras, de tribus. Y ahora que lo dices, me doy cuenta de que hemos dado un paso que ahonda más esa separación. Antes le pedíamos al Estado que nos dejara elegir la forma de ver el mundo; ahora le exigimos mucho más: que proteja nuestra tribu, que le dé un trato de favor porque ha sido maltratada por otra tribu. La tribu minoritaria de los forofos del nado a remo ha sido maltratada por la tribu mayoritaria de los forofos del fútbol y requiere protección. La tribu de los que han nacido en los barrios periféricos, la tribu de los que bailan tangos... Las tribus son casi infinitas, y todas exigen que se les dedique atención, ayudas, protección. No quiero ser ligera, al igual hay que tratarlo como igual y al desigual como desigual para hacer justicia, pero este modo de entender el mundo acrecienta el miedo y nos distancia.

—Chicas —dijo Juana con una familiaridad poco habitual en ella—, me gusta escucharos hablar. Cada una defiende sus propios criterios, pero sabéis exponer vuestras convicciones, que tienen mucho que ver con lo que habéis vivido, de un modo que no rebota en la otra como una pelota contra un muro. Sois porosas. Dais razón de aquello que cada una piensa, con una apertura sincera que puede llevar a cambiarlo, a matizarlo, a profundizarlo, a hacerse preguntas. Me agrada ver que no os apegáis a criterios solidificados para defenderos. Me gustar ver cómo se rompe el círculo vicioso que se suele producir en este tipo de conversaciones. ¿De dónde sale esto?

Juana, después de hacer la pregunta, se llevó a la boca las migajas del cesto de las patatas. Consideré un gesto de generosidad no disputárselas. Y entonces se cruzaron nuestras miradas. No las apartamos de inmediato. Nos miramos a los ojos más tiempo que la última vez, y aunque el instante debió de ser breve, a mí me pareció una dulce, o quizás ligeramente salada, eternidad. ¡En la mirada de Juana estaba viendo mi mirada! El sentido invisible se me había hecho visible en ese momento. En el rostro de Juana estaba el color escarlata, el color de incendio mal disimulado que salía de mis ojos. En el rostro de Juana estaban los cascabeles de risa y los tambores de alegría que se oían al mirar mis pupilas. La cara de Juana me hacía ver mi mirada después de haber viajado hasta sus ojos y que ella respondiera con los suyos. Me respondía con unos luceros que parecían cantar una coplilla y con una sonrisa levísima en la boca, la sonrisa de una mujer que no sonreía desde hacía mucho tiempo, una mujer en cierto modo extraña. No, la palabra no era «extraña», la palabra era «distinta». Su mirada me hacía comprender mejor quién era yo, quién había sido hasta ese momento, qué era esa nostalgia de mí mismo de la que había hablado con mis nuevas amigas.

Juana insistía:

—¿De dónde nace eso? ¿De dónde surge la capacidad de valorar al otro? Se podría decir que es un imperativo ético más alto, más sublime, que el de controlar los instintos. Pero entonces estamos como al principio, y en este caso sentiremos aún más repugnancia que antes para cumplir con un deber más pesado.

—Casi insoportable —ratificó María.

—La motivación no puede ser negativa, tiene que ser positiva —añadió Carmen—. Es decir, que la relación con el otro tiene que ser más satisfactoria, más fresca, más deseable, que refugiarse en una reserva india en la que solo me relaciono con personas que parecen una proyección de mí misma. Nos resulta fácil pensar que todo el mundo es como nosotros y como nuestros amigos. Y eso nos lleva a interpretar mal a la mayoría de las personas con las que compartimos el mundo. Los acabamos considerando culpables de no querer compartir lo que fundamenta nuestra vida, lo que a nosotros nos parece evidente. Es verdad que el distinto, el otro, no nos hace la vida más fácil, pero sí nos la hace más interesante. Los que no tienen tus mismas ideas, tus mismos sentimientos, los que no son de tu tierra, a menudo te molestan, te incordian, casi te fuerzan a realizar el fatigoso trabajo de comprobar si los motivos y las razones que cimentan tu vida son auténticas. El otro te ayuda a vivir una vida que tiene dentro más vida, una vida que no está condenada al aburrimiento. El otro, el distinto, casi te obliga a ser diligente, a no quedarte rezagado, en la búsqueda de ti mismo.

—Cuando yo discuto o hablo contigo, Carmen, o contigo, Juana —me habían vuelto a dejar al margen—, lo menos importante es quién consigue imponerse con sus argumentos. A mí lo que me interesa no es repetir mis convicciones como un opositor que se ha estudiado mecánicamente los temarios del examen. No se trata de comprender y explicar ideas de un modo abstracto; se trata de entender con la vida convicciones que se han edificado con la vida. En mi relación con vosotras, mis convicciones se ponen a prueba, crecen, descubro en ellas y en mí misma dimensiones que no conocía antes. Si mis convicciones tienen la riqueza de la vida, de este modo se engrandecen.

—¿Qué quiere decir que se engrandecen? —preguntó Juana.

—Insisto: se trata de entender con la vida convicciones que se han edificado con la vida. Es la diferencia entre la inteligencia artificial y la inteligencia humana.

—¿Qué tiene que ver la inteligencia artificial con todo esto?

Carmen cambió de posición en el sofá. No iba a ser breve.

—A menudo pensamos que todo el conocimiento funciona como el de la inteligencia artificial: formulamos una pregunta, encontramos la respuesta, y el problema queda solucionado. El programador quiere averiguar algo y le da a la máquina instrucciones para que clasifique los datos con un determinado modelo. La respuesta que se puede encontrar con este tipo de pregunta es limitada. La pregunta del programador ya está restringida por sus conocimientos, por sus emociones, por su origen, por sus prejuicios. El modelo para clasificar los datos también está sesgado porque es una creación de quien formula la pregunta. Solo se clasifican los datos relevantes para el modelo.

—¿Y en el caso de la inteligencia humana?

—Cuando se trata del conocimiento humano, la pregunta tiende a abrirse y a extenderse porque las respuestas que encontramos siempre nos resultan insuficientes. Sabemos que hemos dado con una auténtica respuesta cuando no es una solución que se limita a despejar la incógnita que habíamos formulado. Una auténtica respuesta ensancha «el modelo» que habíamos creado. Y es verdadera porque no acaba con la pregunta, paradójicamente la ahonda, engrandece a quien se la hace, le permite descubrir dimensiones de sí mismo que antes no conocía o que solo intuía, abre el campo de investigación. Sucede cuando dos personas se enamoran o cuando alguien tiene una experiencia religiosa. Somos más de lo que sabemos de nosotros mismos y sabemos más de nosotros mismos cuando nos relacionamos con otros. El otro nos obliga a hacernos preguntas que de otra forma no nos haríamos. Cuando solo nos movemos entre los que son como nosotros, los interrogantes no aparecen.

—Pero en este caso no estamos hablando de personas que se enamoran.

No me gustó el comentario de Juana.

—En cualquier caso —insistía María—, son personas que se relacionan. Son dos misterios —toda persona es un misterio— que comparten muchas cosas en la diferencia. No estás enamorada, pero estás agradecida a las personas con las que te vas encontrando porque aprendes de ellas. A veces los vínculos se estrechan mucho y son para siempre; en otras ocasiones solo se produce un encuentro de pocas horas, o pocos días. De todos modos, cuanto más intensa es la convivencia, mayor es el aprendizaje.

—Pongamos ejemplos —propuso Juana.

—Yo soy cristiana, católica —respondió Carmen—. El otro día, una compañera de mi comunidad me contó que había conocido a un chico budista. El chico le ha explicado que está convencido de que el mundo se rige por una armonía que une todas las cosas. No hacer daño es uno de los principios que debe respetar un buen budista. La benevolencia, la compasión y la piedad, que son reacciones que se producen cuando se intuye el gran dolor que sufre el mundo, son algunas de las virtudes que más estima este chico. Hasta este punto parece que sería fácil el entendimiento entre mi amiga católica y su amigo budista. Estamos hablando de benevolencia y de caridad, virtudes en cierto modo parecidas. Pero a mi compañera no es eso lo que más le interesa. Lo que le atrae es que su amigo le diga que el yo, su yo, es completamente ilusorio y que debe ser destruido. Para un budista, el yo es una ilusión, y el Infinito, el Absoluto, no es Alguien, no es una persona.

—¿Por qué es eso lo que más le interesa si es lo que más les diferencia?

—Porque nunca, hasta que conoció a este chico, se había preguntado qué era su yo, qué era lo que estaba detrás, delante, dentro y encima de todo lo que hace, de todo lo que siente, de lo que piensa, de lo que le permite ser ella misma. Y nunca hasta ahora había entendido el valor de llamar a Dios con un pronombre personal: «Tú». Ahora entiende mejor el valor, la osadía de llamarlo «Padre».

—Pero falta algo —añadió Juana—. Para aprender del otro, para no considerarlo un enemigo, hay que haber sido muy querida, hay que estar muy segura no solo de algunas ideas, sino de que eres valiosa. ¡Eso es! Cuando sabes que eres valiosa puedes reconocer que los otros son valiosos. Volvemos al ejemplo del niño: el niño maltratado solo ve amenazas y se retira de la ventana que le podría asomar al mundo; solo juega con otros niños maltratados. El niño querido se asoma a la ventana con simpatía para continuar la aventura que vive con sus padres desde que tiene uso de razón.

Mientras escuchaba a las tres mujeres, evitaba que mis ojos volvieran a encontrarse con los de Juana. Esa tarde me había asustado el arrojo que había adquirido mi mirada.

Capítulo ocho
La niña esperanza se alimenta de presente

—Hizo un experimento que desmontó los horóscopos. Demostró que la posición de los astros no sirve para predecir el futuro ni para explicar el carácter de las personas. ¡Tenéis que leerlo!

Mientras hablaba, María agitaba un libro con las pastas azules muy gastadas. El nombre del autor, un psicólogo francés llamado Michel Gauquelin, estaba escrito en letras blancas. Yo no lo conocía, no era de extrañar.

Carmen tenía la mañana del sábado libre y Juana nos había organizado una visita a un barrio de la ciudad donde había dos librerías de viejo. Eran dos almacenes polvorientos y mal iluminados. La clientela estaba compuesta por hombres mayores a la caza de revistas picantes de la Transición que no llegaban a ser pornográficas, por pedantes de mediana edad y por alguna señora buscando publicaciones con ilustraciones de su pueblo y de la playa en la que veraneaba cuando era jovencita. Juana quería encontrar tebeos antiguos. Ya he dicho que el otoño se había puesto frío, como los de antes, con lluvia, con olor a hojas que se pudren. Ya estábamos en la duda de si utilizar la gabardina o el chaquetón. No se podía salir a la calle a cuerpo.

María, después de su hallazgo, no quiso seguir buscando y los dos nos fuimos a tomar un café a la terraza de un bar con estufas. Juana y Carmen no tardaron en llegar. La primera con una bolsa verde en la mano en la que debía haber algún cómic que le recordaba sus tiempos mozos. Era una expresión de nostalgia que en este caso no me pareció patológica. María contó la historia del tal Michel Gauquelin. El psicólogo puso un anuncio en un periódico francés un día del mes de abril de 1968. Ofrecía a los lectores un horóscopo personalizado de diez páginas, totalmente gratis. Para recibirlo solo era necesario enviar el nombre, la dirección y la fecha de nacimiento a un número de la calle Amyot de París. Más de ciento cincuenta personas mandaron sus datos. Muchos tuvieron una grata sorpresa: se reconocieron en el horóscopo que Gauquelin había elaborado. Les ayudaba a encarar el futuro con más tranquilidad. No pocos de ellos escribieron a la dirección del aviso dando las gracias.

El psicólogo no hizo muchos esfuerzos: se limitó a mandar a los lectores que lo solicitaron el mismo horóscopo, con independencia de cuál fuera su fecha de nacimiento. Gauquelin les hizo llegar la carta astral de una persona real, un médico llamado Marcel Petiot. Según la conjunción de los planetas que se produjo el día de su nacimiento, un día de enero de 1987, el doctor Petiot tenía «una instintiva calidez personal que completaba su gran intelecto». Estaba, además, «dotado de un sentido moral que era reconfortante: el de un ciudadano digno y de buen juicio». El destino de su vida era expresar una «total devoción por los demás». Todas las previsiones fallaron. El doctor Marcel Petiot fue alcalde de su pueblo durante un tiempo, pero tuvo que abandonar el cargo tras una condena por fraude. Años más tarde, se encontraron los cadáveres de treinta judíos en un horno del sótano de su casa. Durante la Segunda Guerra

Mundial, estos le habían pedido ayuda para escapar con sus bienes. El doctor se los robó y después los asesinó.

—¿No os parece formidable el experimento de Michel Gauquelin? —preguntó María.

—Entiendo a «los 150 de Gauquelin». —Juana acababa de bautizarlos—. Yo soy una de ellos. Quiero tener alguna seguridad de cuál va a ser mi futuro. Soy también un emperador romano a punto de entrar en batalla. Y quiero que la mejor adivina interprete signos y me ponga en contacto con una divinidad que me diga cómo va a ser mi porvenir.

—La adivina puede volver a leerte la carta astral del doctor Marcel Petiot —terció María con una sonrisa socarrona—. Juana, de nuevo, tú quieres provocar. No lo dices en serio.

—No hablo en serio, pero tampoco en broma. Te aseguro que el deseo de saber a qué atenerme dentro de un mes, de un año, de diez años, no es cosa de chiste. Vosotras habláis con mucha alegría de vivir sin miedo en este mundo sin certezas. Pero yo quiero algo de optimismo.

—¿Optimismo, Juana? —preguntó María, escéptica—. Tú sabes que el optimismo es una quimera. Acuérdate: ¿cuántas veces nos contaron en la pandemia que «todo iba a salir bien»? Mientras lo decían, había que habilitar pistas de patinaje para que cupieran todos los féretros. Eso no puede consolar a una mujer inteligente como tú. Hay optimismos blandos y optimismos duros, pero ambos tipos insultan a la razón. El blando, el de los guiones de algunas películas, el de los finales felices con beso en primer plano, ya es un fenómeno raro en la ficción. Ya casi no quedan chicos pobres que se hacen ricos porque ganan un concurso, ni chicas desgraciadas que desayunan delante del escaparate de una joyería y acaban encontrado el amor de su vida... Ahora sería difícil escuchar decir a un personaje: «No te preocupes, todo saldrá bien». El optimismo blando nos aburre incluso en las pantallas, buscamos tragedias que despierten nuestras pasiones.

—¿A qué llamas optimismo duro?

—Al que se alimenta de voluntarismo. Durante la pandemia se decía: «Saldremos de la crisis más fuertes», ¿te acuerdas? Todos podíamos mejorar con trabajo duro. Íbamos a conseguir una serie de habilidades que nos garantizarían vivir mejor en el futuro. El optimismo duro quiere convertir las emociones en gasolina para hacer más cosas. El optimismo de la voluntad mata la esperanza.

—¿Por qué?

—Es una vieja enfermedad. Hace siglos que los occidentales nos contagiamos con ese optimismo de la voluntad y el virus se ha convertido en un fenómeno estacional. Vuelve una y otra vez. Nos dimos cuenta de que no podíamos conocer el futuro. El cielo se había quedado vacío de dioses. Eso nos llevó a la desesperación, y para intentar superarla volvimos a utilizar la misma receta que ya había fracasado en otras ocasiones: apelamos, y seguimos haciéndolo, a la potencia de nuestras capacidades. Nuestra actividad ha sido desde entonces frenética. El estrépito de los últimos siglos ensordece. Es el ruido de las gentes empeñadas en arrancarle a la historia un paraíso que la historia no puede darnos. La acción ha sido incesante, pero la voluntad se ha esforzado tanto que ha quedado definitivamente agotada. Hemos buscado el progreso con la ciencia, con la política, con la revolución, con la contrarrevolución. El optimismo de la voluntad quiso alcanzar un futuro seguro, pero le faltaba el presente. Era un futuro sin cimiento en el ahora. Aceptamos un plan siniestro: teníamos que asumir un gran sacrificio, renunciar a nosotros mismos, morir fatigados como mulos de carga para dominar la naturaleza del mundo y la naturaleza humana. Quisimos alcanzar un paraíso que se convirtió en un infierno.

María había disfrutado con su exposición, pero Juana no estaba dispuesta a rendirse.

—Estamos ante una paradoja imposible de resolver. El otro día dijisteis: «No podemos dejar de esperar un futuro mejor, eso es lo que nos hace estar vivos». Y ahora afirmas: «Si queremos alcanzarlo con nuestras fuerzas construimos el infierno».

—Uno de los objetivos de los nazis en los campos de concentración era negar cualquier posibilidad de futuro para los presos —respondió María—. El tiempo allí no iba a ninguna parte, parecía cíclico: había prisioneros que llegaban al campo y prisioneros que morían, todos tenían la sensación de estar subidos en una cinta, soberana de los días, que los convertía en humo negro. En esa circunstancia donde la negación de lo humano parecía total, donde la tortura buscaba la despersonalización máxima, los prisioneros con futuro eran los que tenían presente. El cielo se les volvió a todos bajo y negro detrás de las alambradas, vivían en una miseria difícil de describir, como ratas en una cloaca. Tuvo presente quien se recogió para rezar, quien reconoció en Dios algo real, quien tuvo una memoria viva de la mujer a la que amaba, quien hablaba en su mente con la persona a la que quería, quien siguió tocando un instrumento, quien hizo amigos...

—Insisto en lo que decía antes —respondió Juana—. Sabes que todo lo que hagas será insuficiente para estar segura, pero incluso en los peores momentos hay una especie de energía que no te deja rendirte. Y, como no puedes rendirte, intentas construir el futuro con eso que llamas el optimismo de la voluntad. No hay salida.

—No hay una salida tal y como la imaginamos. No podemos esperar un futuro sin dolor, sin fatiga, sin sufrimiento. Pero sí un futuro en el que, junto al dolor, la fatiga y el sufrimiento, haya algo que nos permita afirmar: «Ha sido positivo», «es positivo». Quizás podríamos explicarlo de otra manera: la esperanza no es la convicción de que algo saldrá bien, sino la seguridad de que salgan como salgan las cosas, tendrán sentido.

—Eso se dice pronto, pero puede ser una quimera: el sentido puede ser una idea, un pensamiento, una emoción, y eso no es suficiente —respondió Juana.

Había sacado de la bolsa de plástico media docena de revistas viejas y dos o tres tebeos que reposaban en sus piernas. Mientras hablaba se entretenía, con un movimiento mecánico, en poner la que había quedado encima del montón, de nuevo, en la base. Sus gestos se parecían a los de un mago que preparara un juego con naipes. La revista que quedó primera se llamaba *Hoy*. Luego supimos que se trataba de la publicación de una ONG que ayudaba a los cuidadores de enfermos de Alzheimer; recogía consejos, últimos descubrimientos e historias de los asociados.

—Creo que ahora sí entiendo lo que dices. Asegurar que las cosas tienen sentido solo es posible si se ha sido muy feliz en algún momento.

Juana nos contó entonces que le había venido la idea a la cabeza después de ojear en la librería la historia de la foto de la portada de *Hoy*, la revista de la ONG. En la imagen aparecía una pareja, un hombre y una mujer que posaban en un jardín modesto. Él se llamaba Manuel y había sido barbero, estaba sentado en una silla de ruedas. Vestía con una elegancia discreta, de abuelo. Manuel miraba muy atento a Luisa, su mujer, que ya había cumplido ochenta años y era algo atrevida: tenía el pelo teñido de rojo y vestía un pantalón con un estampado de piel de pantera. Manuel y Luisa llevaban casados mucho tiempo. Algunos médicos decían que Manuel ya no reconocía a su mujer. Pero la cosa no estaba clara porque la mente y el corazón de Manuel seguían siendo un secreto. Su mirada fija en Luisa podía significar que, aunque su cerebro hubiese cambiado, sus oídos, su piel y sus tripas reconocían de algún modo la voz querida. Manuel, cuando se hizo la foto, estaba en un tiempo y en unos recuerdos diferentes al tiempo y a los recuerdos de las personas que le rodeaban. Luisa lo había cuidado sola, por la mañana, por la tarde y por la noche. Luisa se levantaba, le daba el desayuno, lo lavaba y le hablaba. Lo tenía guapo. Hasta que a Luisa se le enfermó el pulmón y hubo que ingresarla y operarla. A Manuel se lo llevaron a una residencia con jardín. Y Luisa, que en el momento del reportaje estaba casi buena, se pasaba el día con Manuel. Si había sol, al sol. Si llovía, en el saloncito. Luisa seguía llevando a Manuel hecho un primor. Y decía en la entrevista que Manuel ya no le necesitaba. Pero lo decía por decir, por quitarse importancia. Luisa sabía que Manuel la seguía necesitando y, por eso, iba todos los días a hablarle, a darle un beso. Y Manuel se le quedaba mirando, como se veía en la foto, con los ojos y el corazón muy atentos.

—Estoy convencida de que el primer pensamiento que tuvo Manuel cuando le diagnosticaron la enfermedad fue para Luisa —comentó Juana, que se disponía a completar la historia—. Para Manuel la noticia supuso un duro golpe. El médico lo llevó a una sala con mucha luz y le gastó una broma sobre un bastón que ya usaba en aquella época. Primero le preguntó cómo se encontraba; después, cuando le anunció el mal que le aquejaba, no lo dio por seguro. Dijo que solo era una posibilidad, que no había enfermedades sino enfermos, que cada caso era diferente. Manuel, que era un hombre inteligente, supo enseguida de qué se trataba. Pasó una semana sin dormir. Y luego, en medio de la oscuridad, empezó a encenderse un farolillo. Había sido, seguía siéndolo, un hombre muy afortunado gracias a la mujer con la que vivía desde hacía más de sesenta años. El futuro iba a ser difícil, doloroso, pero en ese futuro seguía estando Luisa.

—Seguía enamorado —apunté yo.

—No como al principio, pero enamorado —respondió Juana con cierta severidad, quizás porque mi entonación había sido demasiado cantarina—. Estoy convencida de que Manuel, en sus años mozos, cuando vivía en su pueblo, no podía esperar que Luisa se fijara en él. En realidad, las historias de todos los Manueles y todas las Luisas que ha habido y habrá en el mundo se parecen. Todos los Manueles del mundo piensan que las Luisas están fuera de su alcance. Todos los Manueles del mundo saben que si las cosas hubieran seguido su curso normal, nunca hubieran suscitado el más mínimo interés de las Luisas. No era de esperar. Se suele decir que «era de esperar» cuando viene de suyo, cuando las cosas caen por su propio peso. Pero esto no caía por su propio peso. No era de esperar que Luisa se fijara en Manuel, como tampoco era de esperar que surgiera el planeta Tierra, o que en el mar empezara la vida, o que la vida acabara siendo una vida inteligente. Había sido algo así como un milagro que Luisa se fijara en él, que le dijera que sí, que hubieran tenido hijos, que hubieran bregado juntos, que siguieran juntos, contentos, agradecidos de que hubiera pasado lo que no era de esperar. En ese sentido, se puede decir que Manuel estaba enamorado.

—¿Y no es eso, Juana, tener más seguridad en el futuro que la que da el horóscopo de los 150 de Gauquelin? —inquirió María.

—Sin duda —respondió con una sonrisa mientras pasaba la mano sobre la portada de la revista *Hoy*—. Seguramente la esperanza es tener, como dices, un presente muy presente que puede desafiar al futuro.

Carmen se había mantenido en silencio. Después de que Juana empezara a contarnos la historia de Manuel y de Luisa quiso intervenir, aunque no se había atrevido a interrumpir hasta ese momento.

—Habéis dicho que para tener esperanza hay que tener un gran presente. Lo que me llama la atención es que algo tan débil tenga tanta fuerza. Y que pueda servir de apoyo para alguien que está en un campo de exterminio o para que no desfallezca quien recibe el diagnóstico de una demencia. La esperanza parece poca cosa, una niña débil, pero es lo más fuerte que hay en nosotros. Siempre vuelve a empezar, siempre vuelve a prometer y lo hace de forma sólida. La esperanza sostiene la tarde apoyándose en la mañana y sostiene la noche apoyándose en la tarde. Nos hace empezar veinte veces lo mismo, nos hace volver a los rincones de la decepción. No calcula, tiene todo el tiempo por delante. ¿Y la eternidad? ¿Tiene la esperanza la eternidad por delante?

La pregunta de Carmen nos dejó callados.

—¿Qué quieres decir con «eternidad»? —le respondí.

—Cuando hablo de eternidad no me refiero solo a lo que hay después del tiempo —contestó Carmen—. La eternidad de la que hablo consiste en que este momento no sucumba sepultado ya en uno de los innumerables cementerios en los que se entierran los minutos. ¿A dónde van las palabras que acabamos de decir, el gesto del camarero que nos ha traído el café? ¿A dónde se fue la primera caricia que le hizo Manuel a Luisa? ¿A dónde va esta bonita mañana de otoño en la que nos miramos a la cara con la emoción de estar hablando de cosas que nos ponen la piel de gallina? ¿Qué futuro, qué esperanza hay para aquellos lejanos minutos de hace muchos años en los que éramos otras personas, aquellos lejanos minutos de los que ni siquiera nos acordamos? A veces pienso que no deberíamos hablar de estas cosas. Sin un amor más fuerte que el ataúd de los minutos enterrados, sin un amor que nos haga compañía ahora, y que esté mañana y pasado mañana y después y siempre, deberíamos todos vestir de negro, estar siempre de luto. Cuando hablo de eternidad no hablo de una repetición. De una noria infinita de días que siempre suba y baje acarreando el mismo tiempo, que suba y baje días siempre iguales. Eso sería muy aburrido. Hablo de un presente que lo tenga todo en el mismo presente, hablo de un momento en el que un amor como el de Manuel por Luisa se multiplique por un infinito inimaginable y esté siempre en un ahora que haya vencido al futuro.

En los ojos de Juana se asomaban dos lágrimas. Quiso volver al balneario dando un paseo y me ofrecí a acompañarla. María y Carmen nos dejaron solos. Cuando nos faltaban pocos metros para llegar, le dije algo que no había pensado hasta ese momento:

—Me parece, Juana, que hace tiempo que quieres contarme algo. Quizás, que lo escuche alguien como yo pueda servirte de ayuda.

Sus pupilas volvieron a humedecerse y, con una sonrisa abierta, me respondió con firmeza:

—*Il ne faut plus nous parler de ces pauvres choses, de ces vétilles, mon grand enfant. Ce sont là des histories qu'il faut laisser à ceux que tourmente encore le grand orgueil des petits péchés. Je ne pense plus à des choses qui ne sont plus, et qui n'ont jamais été, mon enfant.*[1]

Me contestó en francés porque sabía que no iba a entenderla. Pero yo intuí que se refería a algo que seguramente había sucedido en Venecia, y que ahora era una mujer que había recuperado la alegría.

---

1   «No hace falta hablar más de esas miserias, de esas locuras, mi querido niño grande. Son historias que hay que dejar a quienes el orgullo de sus pecados atormenta todavía. No pienso más en esas cosas que ya no existen, y que nunca han existido, mi querido niño grande». Oscar V. Milosz, *Miguel Mañara*, Madrid, Encuentro, 2009.

Capítulo nueve

Cristianismo, no cristiandad

El apartamento estaba en un cuarto piso pero parecía un quinto. El primero era como un segundo: el edificio se levantaba sobre soportales altos. En otro tiempo los habían utilizado los niños de la casa para jugar cuando llovía, pero ahora era una zona de paso que los vecinos atravesaban siempre con mucha prisa. Juana había decidido abandonar el balneario, instalarse por su cuenta. Decía que sin nosotros no se hubiera atrevido. Nos hizo prometerle que la visitaríamos con frecuencia y que, al menos una vez al mes, cenaríamos todos juntos. Pero no terminaba de convencerse de que aquel piso fuese el que le convenía. Lo habíamos visitado ya tres veces. Esta era la cuarta. Lo alquilaban amueblado, pero a Juana solo le gustaba un tresillo de la sala con una tapicería que imitaba la piel, y del dormitorio, una mecedora a juego con la cama. El propietario estaba dispuesto a retirar todo lo que no quisiera. El primer día me pidió que fuese con ella. Y a mí me dio miedo que nos quedáramos solos bajo el mismo techo. Con la excusa de pedir consejo femenino, le sugerí que sería bueno contar también con Carmen y con María. Nos acompañaron en las siguientes ocasiones.

La llave la tenía el portero, que se llamaba Carlos. Se encargaba de enseñarlo. El primer día nos mostró en un santiamén la cocinita, el dormitorio, el baño y la sala. Y luego se sentó en el tresillo y nos dijo que podíamos preguntarle lo que quisiéramos, que él iba a aprovechar para reposar un poco porque llevaba todo el día de la ceca a la meca, recogiendo esto y aquello, y venga recados y paquetes de mensajeros que llegaban a cualquier hora. Era un personaje pintoresco: había estudiado Humanidades, como Carmen, pero no quería dedicarse a dar clase.

—A los profesores les pagan poco y la docencia requiere mucho esfuerzo —nos dijo.

Le gustaba leer, sobre todo ensayos históricos, mejorar su latín y escribir de vez en cuando algún poema. El sueldo de la portería no daba para mucho, pero le quedaban libres las tardes y podía dedicarse a sus cosas.

En esta última visita Carlos sacó la mecedora del dormitorio y se sentó en ella. Conversaba animadamente con Juana y con Carmen sobre las ventajas de la finca. María había empezado a trabajar como guía para los grupos de escolares que visitaban el museo de la ciudad. Llegó más tarde. Cuando sonó el telefonillo fui a abrirle el portal y, antes de que saliera del ascensor, ya la esperaba en la puerta. Luego me quedé de pie, apoyado en el único radiador. Así estuve toda la tarde. María se sentó en un puf tapizado con un estampado psicodélico. Necesitaba contarnos lo que le había sucedido con el grupo de la mañana en el museo. Carlos, el portero, que no era precisamente discreto, se quedó escuchando como uno más.

—La visita de hoy era con dos clases de los últimos años de la ESO —nos detalló María—. Cuando he empezado a contarles la historia de la fundación del museo, me han sorprendido porque estaban interesados y algunos incluso hacían preguntas. Por eso me he atrevido a enseñarles y explicarles uno de nuestros tesoros: una lámina del siglo XVI anónima, pintada a pluma con tinta parda sobre un papel amarillento. Juana, te he traído la reproducción que venden como *souvenir*.

María se la dio a Juana, que nos la mostró a todos.

—Es Cristo hablando con la samaritana. Les he señalado el árbol trazado con espirales ascendentes bajo el que descansan los dos personajes. Y me he detenido en las cinco figuras lejanas que aparecen sobre una colina, pueden representar a los cinco maridos que tuvo la mujer. Luego les he dicho que se fijaran en cómo se apoya en la boca del pozo, con todo el cuerpo curvado hacia Jesús, bebiendo sus palabras. ¿Sabéis qué ha pasado?

María nos contó con sorpresa que uno de los alumnos había preguntado quién era esa señora, cuál era la historia de los maridos y de Jesús. Había pedido que alguno de los chicos del grupo relatara el episodio y ninguno lo conocía.

—María, es normal —contestó Carmen—. ¿Por qué tendrían que saber los alumnos de la ESO la historia de la samaritana?

—Porque forma parte de la tradición occidental —respondió Juana.

Terminó la frase con un gesto de ironía, sorprendida por no considerar sólidos los argumentos que en otro tiempo le hubiesen provocado un ataque de nostalgia.

El portero se sumó sin empacho a la conversación. Nos contó que había estudiado en un colegio de curas y que le habían leído muchas veces el pasaje evangélico. Pero mostró su satisfacción por que los chicos no lo conocieran.

—La gente, por fortuna, ya no sabe nada de religión. Durante demasiado tiempo, la religión ha sido una imposición del poder. —Carlos había encontrado un auditorio capaz de apreciar sus conocimientos y quiso aprovecharlo—. El cristianismo fue la religión oficial en el Imperio romano, desde el edicto de Teodosio del año 380. Y lo ha sido hasta hace muy poco. En España hemos sufrido la alianza de trono y altar hasta ayer. Todo eso no trajo más que tinieblas. Ahora nos hemos liberado de la oscuridad. Las sociedades, cuando se modernizan, dejan atrás a Dios. Es un proceso histórico inevitable.

Carmen le respondió con rapidez.

—Te doy la razón en una cosa, Carlos: es una gran conquista que la religión, en especial el cristianismo, no sea sostenida por el poder. Cuando el cristianismo se convirtió en religión oficial, los clérigos políticos y los políticos clérigos pensaron que la libertad era una cuestión secundaria: una tontería o una amenaza porque los hombres estaban condenados a usarla mal. Por eso había que encauzarla, tomarla prestada. Los clérigos políticos y los políticos clérigos pensaron que el pueblo no estaba capacitado para decidir. Necesitaba pan y cadenas, alguien a quien entregar su capacidad de decisión. Es lo que pensaron y piensan muchos. El clericalismo ha sido y sigue siendo una forma de falsa compasión que quiere quitarle a los hombres la fatiga y el sufrimiento; quiere aliviarles privándoles de lo único que les hace realmente hombres: el ardor de las preguntas, la necesidad de recorrer un largo y fatigoso camino para encontrar respuestas. El clericalismo quiso y quiere respuestas precocinadas de consumo rápido. El clericalismo no es cristiano, es mucho menos exigente que el cristianismo. El cristianismo es exigente, pero no porque tenga una moral para héroes y santos. Lo es porque reclama una adhesión que no se alcanza por la costumbre o la fuerza del grupo. Demanda una convicción personal, libre. El cristianismo, si es fiel a su origen, no puede ser la religión de un Estado, de un barrio, de un grupo. No consiente que se delegue lo que solo se alcanza con la propia conciencia. El clericalismo pretende salvar a los hombres de sí mismos y les arrebata lo único que les puede hacer realmente hombres: no reír porque otros les digan que deben reír, no llorar porque otros les digan que hay que llorar, no creer porque otros les digan que hay que creer, sino porque han llegado a tener la íntima e intransferible seguridad de que reír, llorar o creer les conviene.

—La modernidad y la ciencia nos libran del clericalismo —apostilló Carlos.

—No del todo —respondió Carmen—. Hay nuevas formas de clericalismo que resucitan, por ejemplo, con la neurociencia. Es el clericalismo de los científicos que, en nombre de las leyes de la naturaleza, también suprime la libertad. Algunos defienden que todo cuanto hace el hombre no lo hace según su deseo, sino exclusivamente por un impulso físico y biológico. Cada vez escucho más decir a los neurocientíficos que la libertad es un espejismo. Los clérigos de uno y otro signo nos quieren encerrar en un palacio de cristal eterno, indestructible, en el que no se corra riesgo alguno.

Carmen nos contó entonces que había leído recientemente un libro en el que se intentaba explicar cómo funciona la mente. Su autor sostenía que todas las manifestaciones artísticas, culturales y religiosas, Dios y el yo personal eran creaciones de la masa encefálica. Según el autor, la conciencia de nosotros mismos era un espejismo, un artefacto generado por las neuronas. Los lóbulos frontales del cerebro, procesando grandes cantidades de información, determinaban la conducta y al mismo tiempo nos hacían creer que éramos libres. Pura apariencia, porque el yo era solo un producto bioquímico.

—Me rebelo —añadió Carmen— cuando quieren convertirme en el teclado de un piano. Hay que defender el derecho a equivocarse. Y equivocarse es algo tan real como que tú, Carlos, vistes un mono azul. Podemos, conscientemente y a propósito, desear algo que nos perjudique, que sea estúpido. Incluso aquello que es auténticamente estúpido, tonto, contraproducente, puede ser lo más ventajoso del mundo porque conservaremos, al desearlo, lo más preciado: nuestra personalidad, nuestra individualidad. Nunca seremos nosotros mismos sin este deseo.

—En esto estamos de acuerdo —terció Carlos—. Pero ¿qué tiene que ver eso con la religión?

—Me he ido a otra cosa. En cualquier caso, me sirve para lo que quería decir —respondió Carmen—. No puedes suponer que si alguien cree en Dios es porque está bajo un condicionamiento social o político, o porque vive en la antigüedad, o porque sus neuronas han creado la idea de que existe un Ser superior o porque aspira a algo de consuelo. Es verdad que ya no es como antes, pero en muchos rincones del mundo, y también en Occidente, la religión sigue presente y tiene peso. De hecho, ahora que han desaparecido las presiones y las convenciones, la búsqueda de sentido quizás sea más intensa que nunca. Lo he hablado en otras ocasiones con estos amigos. Me parece que todo esto no va de vencedores y vencidos. No va de quién lleva razón, ni siquiera va en última instancia de qué reglas morales nos sirven para convivir. Esto va de cómo vivimos mejor la vida. Carlos, por lo que dices, me parece que no eres creyente. Yo sí lo soy, y no por eso estamos en barcos distintos. Tú y yo somos personas que le buscan un sentido a la vida y, aunque nos acabamos de conocer, estamos haciendo el mismo viaje.

—¿Y no os parece que para buscar ese sentido a la vida convendría recuperar toda nuestra tradición, la forma de pensar y de sentir que hemos tenido durante siglos? ¿No os parece que deberíamos volver a los orígenes de nuestra cultura? —Juana formulaba sinceramente la pregunta, no como la habría formulado meses atrás.

—Depende de lo que se entienda por «volver a los orígenes» —respondió Carmen—. Muchas veces, cuando los cristianos hablamos de retornar a los orígenes, nos referimos a rescatar un sistema de pensamiento, una moralidad, un legado de siglos, hay muchos que quieren recuperar o defender eso que se llama «cristiandad». Pero eso ya no sirve.

—¿Por qué no ? —seguía preguntando Juana.

—No sirve porque lo que algunos llaman «tradición» a menudo es tradicionalismo: la repetición de una serie de fórmulas que se han quedado antiguas, que no responden al momento en el que vivimos. Son declaraciones que no ayudan a afrontar los problemas de la vida. Lo mismo sucede con la moral. Se identifica la moral con un código que prescribe qué cosas hay que hacer y qué cosas no hay que hacer. Pero la moral no puede identificarse con un código de normas sin que haya una responsabilidad y una búsqueda personal, sin el deseo de alcanzar lo que se considera bueno por convicción y experiencia; y sin el realismo de reconocer que no se tiene suficiente energía para conquistarlo. Sin todo eso, la moral se convierte solo en aplicar reglas. Decimos a menudo «la regla es la regla». Todo es norma y nada es cultura, no hay conexión entre los valores y la búsqueda de un sentido para la vida.

—Eso no solo les pasa a los creyentes —comentó Carlos.

—Volver a los orígenes no puede ser tornar a la cristiandad. Muchos, de hecho, cuando hablan de cristianismo se refieren a un fenómeno cultural, a obras de arte, a unos valores que nadie sabe bien qué son. No quiero ridiculizar, pero a veces todo se queda en reclamar que se ponga el Belén en Navidad. Otros, cuando hablan de cristianismo, hablan de la identidad de una nación, de una herramienta para oponerse al crecimiento del islam. Y parecen querer rescatar los valores de la Reconquista.

—¿Qué es para ti volver a los orígenes? —inquirió María, que hasta ese momento había permanecido callada.

—Para mí es volver a lo que fue el cristianismo cuando apareció en la historia: una religión de perseguidos, de esclavos o de patricios que no se convertían por conveniencia, que no eran cristianos por costumbre, o por si acaso Dios existía, sino por algo positivo.

—¿A qué te refieres?

—A esto. —Carmen le cogió a Juana la lámina de la samaritana que todavía tenía en sus manos y la señaló—. Volver a los orígenes no es defender la filosofía cristiana, la teoría cristiana, la ética cristiana, no es reivindicar un pasado. Volver a los

115

orígenes es vivir lo mismo que vivió esta mujer. Mírala, tiene el pelo recogido, los brazos desnudos, un vestido demasiado caro para ir a por agua al pozo, seguramente es el regalo del último de sus amantes. El pozo era parte de la promesa, rico era el pozo de Jacob que se había excavado cerca de Siquem. Jacob era el hijo de Isaac, el nieto de Abraham, a quien Dios había prometido una descendencia tan numerosa como las estrellas. Pero eso era ya cristiandad. Habían pasado casi dos mil años. ¿Qué significaba ser hija de la promesa? Poco, casi nada. Desde el pozo, como refleja la lámina, se veía el monte Gerizim, con su cumbre caliza y pelada, donde los samaritanos daban culto a Dios. Daban culto a Dios allí, no como los judíos que lo hacían en el templo de Jerusalén. Pero también el templo de Jerusalén entonces era cristiandad, era una tradición que se había quedado fría, sin carne, se había quedado en un puro formalismo. Había que pasar por Siquem para ir al templo de Jerusalén, para ir al templo de los judíos y celebrar sus fiestas. La mujer no tenía nada contra los sacerdotes, ni contra la fiesta de la Pascua, ni contra la fiesta de los panes sin levadura, ni contra la fiesta de los tabernáculos. Había muchas fiestas y en esos días se veía más gente en Siquem. Se podía vender más vino, más trigo y más aceite. La ciudad vivía del comercio. Y la vida era eso: comerciar, salir adelante y que un hombre te abrazase al volver a casa. Eso sí que era importante: ser querida, ser deseada. Y si el hombre se volvía arisco, cambiarlo por otro. Y luego, claro, estaba el dolor nunca confesado por haberse saltado la ley. Pero ¿cómo se podía cumplir la ley cuando te quitaba las pocas cosas que te daban un instante de consuelo? La mujer se reprochaba no haber sido capaz de cumplir la ley y, al mismo tiempo, no haber tenido la inteligencia de atarse a un hombre rico, haberse dejado llevar por el capricho del corazón. Y esa acusación que se hacía a sí misma convivía con la de no haber dedicado tiempo y esfuerzo a aprender las artes amatorias de las paganas. La recriminación como primer pensamiento de la mañana al despertarse y como último pensamiento antes de acostarse. Estaba su propio reproche, y luego el que le hacían los suyos por no cumplir los preceptos de Moisés, por ser una mujer fácil para los que pasaban por el pueblo, y el reproche de los judíos que subían hacia Jerusalén y la despreciaban por ser samaritana. Y para sentir algo que no fuese solo reproche, para sentir otro dolor, se hacía cortes en las piernas. Quería demostrarse que, a pesar de ser una mujer voluble, era capaz de tomar una decisión y mantenerla, y por eso dejaba de comer durante semanas. Para esconder que no se aguantaba a sí misma, adoptaba un aire cínico. Y ahora aquel judío le pedía agua como si, por primera vez, alguien necesitara de ella. No de sus besos y sus abrazos, no de su carne, sino de ella, de ella misma. Le pidió agua y la miró con la ternura que siempre había esperado. El judío que le pedía agua sabía todo de ella, sabía que había tenido cinco maridos y que el de ahora era un amante para unos días, uno de los que había llegado a comprar trigo y vino. El judío era una persona inteligente, no había conocido a nadie tan inteligente, tenía el poder de mirarla y conocerla por completo. Y le hablaba, cuando no se podía hablar a una samaritana. No la juzgaba, no le reprochaba que no hubiese cumplido la ley, que no celebrase las fiestas en el monte Gerizim o en el templo de Jerusalén. Esa mirada inteligente, esa mirada tierna, ese sentirse comprendida y abrazada, eso era cristianismo y no cristiandad. La samaritana no se hizo cristiana porque viese milagros. Había muchos que hacían milagros, también magos que resucitaban a los muertos. No se hizo cristiana porque Jesús explicara muy bien la filosofía, la teología y la ética acumulada durante dos mil años. Había buenos doctores de la ley. Se hizo cristiana por lo que había supuesto para ella el encuentro con aquel judío, porque aquel era el hombre que había estado buscando en todos los hombres. Cuando prometía agua, daba agua, y cuando prometía alegría, daba alegría. Era algo distinto, algo que no se podía definir, algo que hacía que la vida fuera vida. Era Él quien hacía la vida más vida. Eso es lo que digo cuando hablo de volver a los orígenes: volver a tener una experiencia como la de la samaritana.

Escuchamos en silencio a Carmen. Sus palabras tenían el color del trigo segado, del oro limpio. Y parecía que había estado allí, al borde del pozo.

Juana, con un hilo de voz, después de unos segundos de embarazo, le dijo:

—De eso hace dos mil años, Carmen. Si algo así sucediera ahora sería digno de crédito.

—¿Por qué crees, Juana, que yo puedo contarte hoy, dos mil años después, sin miedo a equivocarme, cada uno de los movimientos del alma, cada uno de los suspiros de la samaritana en el pozo como si yo también hubiera estado allí?

Carlos, el portero, se puso de pie de un salto y se fue corriendo mientras gritaba:

—¡Madre mía...!

Aquella sala y aquel sofá fueron a partir de entonces mi lugar de descanso y de lucha.

Nota bibliográfica

En el **capítulo uno** se habla de **nostalgia.** He tenido como referencias para esta cuestión, entre otras, las de SKODA, H. Nostalgia and (Pre-)Modernity. En *History and Theory,* 2023, 62, no. 2: https://onlinelibrary.wiley.com/doi/pdf/10.1111/hith.12297; ARIAS MALDONADO, M. Usos de la nostalgia. En *Letras Libres,* 2022, https://letraslibres.com/libros/usos-de-la-nostalgia/; NÚÑEZ FLORENCIO, R. La melancolía ¿al alcance de todos? En *Revista de Libros,* 2021: https://www.revistadelibros.com/la-melancolia-al-alcance-de-todos/; PANIAGUA C. Psicología de la nostalgia. En *Dendra médica. Revista de humanidades,* Vol. 9, Nº. 1 (junio) 2010; y BARTRA, R. *Melancolía y cultura. Las enfermedades del alma en la España del Siglo de Oro.* Barcelona, Anagrama, 2021.

También en ese primer capítulo se habla de qué significa entender **el tiempo como espacio y el tiempo como presente.** Estas ideas están tomadas, en gran medida, del pensamiento de Bergson (de la idea de *durée*) y de su polémica con Einstein. Para el pensamiento de Bergson: DE HARO, A. *Novedad Radical y Alteridad. Pensar el fundamento de un presente significativo con Henri Bergson* (Tesis doctoral inédita). Madrid, Universidad de Comillas, 2025.

Para *La Carretera*, he usado la edición MCCARTHY, C. Barcelona, DEBOLSILLO 2027.

En **el capítulo dos se recoge un debate en torno a la decadencia de la cultura occidental, el humanismo y la crisis de la Ilustración. Para esta cuestión** es útil LILLA M. *La mente naufragada*, Barcelona, Debate, 2017. Me resultan especialmente sugerentes sus palabras cuando habla de los autores que critican el «camino que no tomamos». «Los que narran este tipo de historias —señala el estadounidense— nos cuentan que, en cierto momento de la época medieval o a comienzos de la Edad Moderna, Occidente dio un giro erróneo decisivo y se situó en el camino hacia nuestra modernidad, con todos los problemas que ello conlleva [...] en el curso de los últimos treinta años ha vuelto a ponerse de moda entre una nueva generación de antimodernos católicos (y algunos anglicanos) de izquierda y de derecha (...) Pero ¿de qué sirve imaginar que la cristiandad medieval fracasó, la reforma fracasó, la Europa confesionalizada fracasó y la modernidad occidental está fracasando, como si las civilizaciones atravesaran periodos discretos definidos por un solo proyecto? La vida no funciona así; la historia no funciona así [...]. La lección de san Agustín sigue siendo tan oportuna ahora como hace mil quinientos años: estamos destinados a construir nuestro camino conforme avanzamos. Y el resto está en manos de Dios».

Sobre los orígenes y el desarrollo de la cultura europea creo que siguen teniendo actualidad los trabajos de DAWSON, C. (por ejemplo: *Historia de la cultura cristiana*. México, FCE 2006; y *Los dioses de la revolución*. Madrid, Ediciones Encuentro, 2015).

MACINTYRE, A. ha sido uno de los más lúcidos pensadores en la crítica al proyecto ilustrado. Siempre hay que tener presente *Tras la virtud*. Barcelona, Crítica, 2001. La descripción de disolución de la cultura ilustrada de Joseph Ratzinger en su conferencia del 1 de abril de 2005 en Subiaco, en el monasterio de Santa Escolástica, sigue siendo muy actual. En esa intervención aseguraba que «la búsqueda de una certeza tranquilizadora, que nadie pueda contestar independientemente de todas las diferencias, ha fallado. Ni siquiera el esfuerzo, realmente grandioso, de Kant ha sido capaz de crear la necesaria certeza compartida». https://www.humanitas.cl/benedicto-xvi/una-confusa-ideologia-de-la-libertad.

TODOROV, T. en *El espíritu de la Ilustración* (Barcelona, Galaxia Gutenberg, 2008) defendió, por el contrario, que ese proyecto, a pesar de la crisis, está en pie y tiene futuro. Como lo sigue haciendo en España, entre otros, VALCÁRCEL A. *La civilización feminista*. Madrid, La Esfera de los Libros, 2023. Desde un punto de vista muy diferente, dentro del feminismo de «nueva generación», está BROWN, W. *Estados del agravio. Poder y libertad en la modernidad tardía*, Madrid, Lengua de Trapo, 2019. He tomado en consideración, más allá de su posición ideológica, algunas de sus constataciones cuando describe las consecuencias de la crisis de la cultura ilustrada. «Sin muletas como el progreso, las esencias, Dios, las teleologías, las leyes férreas del desarrollo o de cualesquiera otras razones surgidas de la historia (…) Resultamos estar tan fabricados, tan vacíos de un ser propio nuestro, que no existimos» —señala Brown—.

La voz que critica la defensa de la tradición sin presente y que reclama la **necesidad de que la tradición sea renovada** es la de ARENDT, H., especialmente en *Entre el pasado y el futuro*. Barcelona, Península, Barcelona, 2003.

Capítulo tres: El argumento que sostiene que **ser auténticamente romano y ser auténticamente europeo,** es apropiarse de lo que es ajeno es de BRAGUE, R. *Europa, la vía romana*. Madrid, Gredos, 1995.

La cuestión de la universalidad de los valores y de la particularidad de las culturas del capítulo tercero surgió, en gran parte, de una lectura primero apasionada y luego crítica de algunas obras de FINKIELKRAUT, A. (en especial: *La derrota del pensamiento*. Barcelona, Anagrama, 1987; y *La Humanidad perdida*. Barcelona, Anagrama, Barcelona, 1998).

La crítica al pensamiento de Fienkielkraut proviene de la lectura de TAYLOR, C. *Habitar el presente*. Madrid, Sekotia, 2025.

De la expedición de Napoleón a Egipto tomo noticia, sobre todo, de BARZUN, J. *From Dawn to Decadence*. New York, Harper Perennial, New York, 2001.

La **descripción del nihilismo** en el que vivimos inmersos es tributaria de LIPOVETSK, G. *La Era del Vacío*. Barcelona, Anagrama, 2020.

En el capítulo cuarto hay varias intervenciones que subrayan el valor de **la actual crisis antropológica como una oportunidad.** Es una idea que vertebra el pensamiento del teólogo español CARRÓN, J. Algunas de sus últimas intervenciones sobre esta cuestión se pueden encontrar en www.paginasdigital.es y en el mencionado *Habitar el presente* donde afirma que «el contexto en el que estamos inmersos, caracterizado por una especie de "descomposición" de lo humano, saca a la luz la irreductibilidad última de la persona y desencadena la necesidad de sentido que la caracteriza. Quizá en una época más "plana" y con menos desafíos no habríamos sentido nuestra humanidad como la percibimos hoy».

La afirmación de que «los jóvenes no han acabado de ser engendrados» es una síntesis de una conversación, entre el dramaturgo TESTORI, G. y el educador GIUSSANI, L., que tuvo lugar a mediados de los años 80 (publicada en español como: *El sentido del nacer*. Madrid, Ediciones Encuentro, Madrid, 2014). La expresión *Mermelada sentimental* es el título de un libro que recoge artículos de LURI, G. publicados en https://theobjective.com (Madrid, Ediciones Encuentro, 2021).

Hago también mención a **la cultura de la cancelación.** Para esta cuestión me parece que una de las críticas más lúcidas es la que hace RIEFF, D. *Letras Libres* suele publicar sus artículos, este es un ejemplo: https://letraslibres.com/revista/solo-la-izquierda-economica-podra-vencer-a-lo-woke/.

Sobre la identificación de la cultura occidental con la moderación y **la recuperación del estoicismo** hay muchos artículos que describen cómo una versión simplificada (¿adulterada?) de la filosofía de Séneca está de moda entre los directivos de Silicon Valley. Este es un ejemplo https://www.theguardian.com/books/2024/oct/28/the-stoicism-secret-how-ryan-holiday-became-a-silicon-valley-guru y este otro https://www.nytimes.com/2019/03/26/style/silicon-valley-stoics.html.

Las referencias a «lo inevitable» de la esperanza, de la que se habla en el **capítulo cinco,** apuntan en la misma dirección. La pregunta de PAVESE, C: «¿Alguien nos ha prometido nunca nada? y entonces, ¿Por qué lo esperamos?» (*El Oficio de Vivir*. Barcelona, Seix Barral, 2012) ha sido decisiva para su redacción. Como también la afirmación de BONHOEFFER, D. cuando señala: «siempre tengo mucho que hacer, pero en último término el telón de fondo permanece igual: la espera, de la mañana a la noche» (*Resistencia y sumisión*. Salamanca, Sígueme, 2008). Estos textos están citados en un librito de CARRÓN, J. *¿Hay esperanza? La fascinación de un descubrimiento*. Madrid, AC. Huellas, 2021.

Para la discusión sobre el **grado de progreso** que hemos alcanzado, me inspiro, en parte, en la polémica suscitada por SPINKER, S. *En defensa de la Ilustración. Por la razón, la ciencia, el humanismo y el progreso*. Barcelona, Paidos, 2018. ARIAS MALDONADO, A. hizo una crítica muy lúcida al optimismo de Pinker en este artículo https://www.revistadelibros.com/en-defensa-de-la-ilustracion-pinker/. Las referencias al desarrollo de los niños están tomadas de los trabajos del https://developingchild.harvard.edu, en especial de National Scientific Council on the Developing Child, *Persistent Fear and Anxiety Can Affect Young Children's Learning and Development*. 2010, *Working Paper No. 9*. Retrieved from www.developingchild.harvard.edu.

Para **los fundamentos de la vida en común y el valor del otro**, cuestiones que se abordan en el **capítulo siete**, mi inspiración ha sido AZURMENDI. M. *El otro es un bien*. Amazon, 2020; y, de nuevo, CARRÓN, J. *No hemos visto nada igual, La transmisión del cristianismo hoy*. Madrid, BAC, 2024).

Sobre la cuestión de la Inteligencia Artificial puede ser útil este artículo https://hbr.org/2019/06/can-algorithms-help-us-decide-who-to-trust y los trabajos de LÓPEZ MONTARÁS, R., por ejemplo Inteligencia artificial o habilidades sin comprensión en *Revista de Occidente*, Número 511, 2023.

Cuando hablo de «**la niña esperanza**» **en el capítulo ocho** recojo el pensamiento de PÈGUY, C. *El Pórtico del Misterio de la Segunda Virtud* (Madrid, Ediciones Encuentro, 2008). La cita en francés con la que acaba el capítulo corresponde a uno de los momentos más vibrantes de la obra *Miguel Mañara*, cuando el Don Juan sevillano reconoce todo el mal que ha causado y es perdonado por el abad que le acompaña (Edición en español: MILOSZ, O, V. Madrid, Ediciones Encuentro, 2009).

Para acabar:

La historia de Martín está inspirada en algunos poemas de CARVER, R. *Todos nosotros*. Barcelona, Anagrama, 2019.

La historia de desinformación colectiva en Matton está recogida en LÓPEZ-MUÑOZ, F. y PÉREZ FERNÁNDEZ, F. https://theconversation.com/como-surge-un-episodio-de-histeria-colectiva-el-ejemplo-del-gaseador-de-mattoon-209797 y en https://beltmag.com/the-mattoon-mad-gasser-looking-back-at-a-textbook-case-of-mass-hysteria/

Para el caso de Marcel Petiot se puede consultar ORMENTO T.H. *Levántese el acusado…Marcel Petiot*. Madrid, Miralles, 1971.

La recreación del encuentro de la Samaritana del **capítulo nueve** está inspirada en otras recreaciones realizadas por GIUSSANI, L. con personajes de los evangelios (su obra en español está publicada por Ediciones Encuentro).